20 BERGWANDERUNGEN

REGION
Ostschweiz

Bruno Rauch und Rudolf Bähler

WERDVERLAG

Bildnachweis:
Fotos von Bruno Rauch und Rudolf Bähler
(Umschlag vorne: Christof Sonderegger,
Rheineck; Seite 96: Rolf A. Stähli,
Winterthur)

Alle Rechte vorbehalten, einschliesslich
derjenigen des auszugsweisen Abdrucks
und der elektronischen Wiedergabe

© 1999 Werd Verlag, Zürich

Lektorat: Christina Sieg, Berikon
Reihengestaltung:
Barbara Willi-Halter, Zürich
Karten: Beni La Roche, Zürich
Höhenprofile: Kurt Rauber, Berikon
Satz und Umbruch:
Creatype Satzstudio, Kurt Rauber, Berikon

ISBN 3-85932-275-3

INHALT **OSTSCHWEIZ**

5 Vorwort

6 **Ein Grat und zwei Seen**
Vom Obersee über den Lachengrat zum Klöntalersee

12 **Auf der Glarner Sonnenterrasse**
Von Schwanden via Oberblegisee nach Braunwald

18 **Freiberg Kärpf, ältestes Wildreservat Europas**
Von Elm übers Wildmadfurggeli nach Schwanden

24 **Der Foopass, kein Fauxpas**
Vom Weisstannental ins Sernftal

30 **Durchs St. Galler Oberland**
Von Weisstannen über die Wildseeluggen zur Pizolhütte

36 **Schon den Römern bekannt: der Kunkelspass**
Von Vättis über den Kunkelspass nach Tamins

42 **Ein Naturparadies: die Murgseen**
Von Murg über Murgseefurggel und Mürtschenfurggel nach Filzbach

50 **Terrassenwanderung auf Schönhalden**
Von Flums über Schönhalden nach Mels

56 **Gratwanderung am Schnebelhorn**
Von Mosnang übers Schnebelhorn nach Steg im Tösstal

62 **Ein Friedenstempel überm See: das Paxmal**
Von Quinten zur Sälser Alp und zum Walenstadtberg

68 **Eine Lanze für den Speer**
Von Amden über den Speer ins Toggenburg

74	**Toggenburger Aussichtskanzel: der Stockberg** Vom Luterental über den Stockberg nach Nesslau
80	**Obertoggenburger Höhenweg** Von Starkenbach übers Wildenmannlisloch nach Alt St. Johann
86	**Seen-Dreiklang im Alpstein** Von Wasserauen via Bötzelsattel–Bollenwees nach Brülisau
92	**Auf dem Dach des Alpsteins** Von der Ebenalp zum Säntisgipfel
98	**Hoch über dem Rheintal** Zur Saxer Lücke und über Stauberen zum Hohen Kasten
104	**Macht seinem Namen Ehre: der Hohe Kasten** Vom Hohen Kasten über Alp Kamor und Resspass nach Steinegg
110	**Sprung über die Landesgrenze ins Ländle** Rundwanderung von Malbun zur Pfälzer Hütte
116	**Über die grünen Hügel Appenzells** Von Trogen über Gäbris–Sommersberg–Hirschberg nach Appenzell
122	**Wandern am Rande: über den Randen** Von Bargen quer über den Randen nach Beggingen

Legende Karten

- ●━━━● Wanderroute
- ----●---- Bahnlinie / Bahnhof
- •········● Bergbahn / Station
- ──── Strasse
- ◯ grössere Ortschaft
- ○ kleinere Ortschaft
- • Berggipfel / markanter Punkt
- ▲ Aussichtspunkt
- ▮ Restaurant

Vorwort

Zur Wanderregion Ostschweiz, die wir hier vorstellen, gehören selbstverständlich das abwechslungsreiche Gebiet des Alpsteins mit seinen Höhenzügen und Seen, die Glarner Alpen, das St. Galler und das Zürcher Oberland, die Region Fürstentum Liechtenstein. Um auch geografisch eine einigermassen ausgewogene Streuung zu erhalten, haben wir ebenfalls den äussersten Zipfel Schaffhausens miteinbezogen. Vorgestellt werden also zwanzig leichte bis mittelschwere Berg- und Höhenwanderungen, die – entsprechende Witterung vorausgesetzt – lohnende Aussichten und Rundblicke versprechen.

Die Ausflüge sind entsprechend dem geografischen Radius sehr vielfältig. Es handelt sich um Aufstiege auf Hügelkuppen und Berggipfel, um Passübergänge und Gratwanderungen von unterschiedlicher zeitlicher Dauer und körperlicher Anforderung. Alle Touren sind ungefährlich und können auch mit Kindern unternommen werden, allerdings setzen sie eine gewisse Marschtüchtigkeit und in jedem Fall gutes Schuhwerk voraus. Ferner sind sie als Eintageswanderungen konzipiert, die mit Vorteil mit öffentlichen Verkehrsmitteln – Bahn und Postauto – durchgeführt werden, da der Ausgangspunkt nicht identisch ist mit dem Ziel. Das Signet ☐ verweist auf die Fahrplanfelder des offiziellen Schweizer Kursbuchs.

Wo es Sinn macht, haben wir auch eine Fahrt mit der Bergbahn eingebaut. Häufig finden sich unterwegs auch Gaststätten, sodass man die Last im Rucksack oft auf den Regenschutz und eine Stärkung zwischendurch beschränken kann. Selbstverständlich gibt es auch immer wieder Rastplätze, wo man picknicken und – mit der nötigen Vorsicht – sogar ein Feuer entfachen kann.

Da die Schweiz in der Regel ein formidabel ausgebautes und gut beschildertes Wanderwegnetz aufweist, sind die Routenbeschreibungen auf das Minimum beschränkt. Die detaillierten 1:25 000er Karten der Landestopographie, aber auch spezielle Wanderkarten sorgen dafür, dass man den Weg kaum verfehlen wird. Zur allgemeinen Orientierung sind jeder Wanderung eine kleine Übersichtskarte sowie ein Höhenprofil beigefügt. Unser Anliegen war es daher, den Akzent auf den Erlebniswert der Wanderung zu legen. Wissenswertes über die Region, über Fauna und Flora, Volkskundliches, Geschichtliches, Kulturelles soll das Wanderlebnis vertiefen und nachhaltig prägen. Kurz: wir haben uns bemüht, ein Wanderbuch zu schaffen, das nicht nur als Orientierungshilfe im Rucksack dient, sondern als animierende Lektüre Vergnügen bereitet.

Bruno Rauch und Rudolf Bähler

Ein Grat und zwei Seen

Vom Obersee über den Lachengrat zum Klöntalersee

Route Obersee–Sulzboden–Sulz–Lachenalp–Lachengrat oder Längeneggpass–Ober Längenegg–Chängel–Ratlis–Schwändeli–Vorauen.

Anreise Mit den SBB von Zürich (□ 900) oder Rapperswil (□ 735) nach Ziegelbrücke und weiter nach Näfels (□ 736). Von dort mit dem Oberseetaxi bis Obersee.

Rückreise Von Vorauen mit dem Postauto nach Glarus (□ 736.50) und von dort mit den SBB nach Ziegelbrücke (□ 736).

Wanderzeit Ca. $5\frac{1}{4}$ Stunden.

Karten Landeskarte 1:25 000, Blatt 1153 «Klöntal».

Gaststätten Obersee, Vorauen.

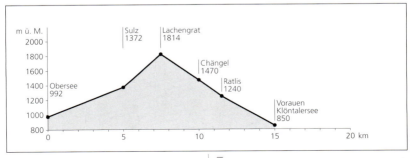

Im «Taxi» zum See

Am Bahnhof Näfels besteigen wir mit anderen Wandernden den Kleinbus, der sich «Oberseetaxi» nennt, und lassen uns bis zum besagten See hinauffahren. Bevor wir den Weg zum Lachengrat unter die Sohlen nehmen, kehren wir im Restaurant Obersee ein. Die Gipfeli hat der Bäcker noch nicht geliefert, doch Frau Wirtin offeriert ein Stück selbst gebackenen Zopf, und bei diesem zweiten Frühstück auf der Terrasse lässt sich die Gegend bestens studieren. Es fällt uns auf, dass die spiegelglatte Wasserfläche nirgends einen Abfluss aufweist. Der See, der durch einen nacheiszeitlichen Bergsturz aus dem Rautigebiet gestaut wurde, entwässert durch die Versickerungsgräben an seinem Südufer. Seit 1960 leitet ein künstlicher Abfluss das Wasser durch die Bergsturzmasse der Niderseealp zum Kraftwerk Rütiberg hinunter.

Respekt vor dem Berggeist

Wir wählen den Waldpfad, der wenig oberhalb der Strasse weiter ins Oberseetal hineinführt. Am Seeende überqueren wir die Asphaltstrasse und wandern mehr oder weniger dem Sulzbach

Aus den Felsspalten blüht es weiss: Steinbrech als ständiger Wegbegleiter beim Aufstieg auf den Lachengrat.

entlang nach Oberseestafel. Dort verlassen wir die Fahrstrasse, die in einer weiten Kurve der Topografie folgt, bleiben vorerst im Talgrund und gehen im leichten Anstieg geradeaus Richtung Chalten Brünnen. Nachdem wir den Bach über eine Brücke traversiert haben, gelangen wir erneut auf die Asphaltstrasse, die wir nun bis über Sulzboden hinaus nicht mehr verlassen.

Eine paar Ställe und Alphütten fügen sich zur lockeren Siedlung – ganz offensichtlich Freizeitbehausungen für zivilisationsmüde Städter. Der Ghettoblaster und das rote Plastikbecken auf einem Steinmäuerchen belegen jedoch augen- und ohrenfällig, dass man selbst hier, sozusagen am Busen der Natur, nicht auf die segensreichen Errungenschaften der Zivilisation verzichten mag. Wir können uns nun auch das kleine Schwimmbad erklären, das uns bei Oberstaffel aufgefallen ist.

Etwas weiter hinten im Taleinschnitt, wo das Gelände steiler ansteigt und sich die Strasse in weiten Kehren die Bergflanke hoch windet, wählen wir die signalisierten Abkürzungen vom zwar kaum befahrenen Alpweg und erreichen so die nächste Geländestufe von Sulz. Nun verlassen wir die asphaltierte Strasse, die in einer weiten Linksschlaufe zur Rautialp führt, endgültig. Dort drüben soll nach einer alten Sage ein rot bestrumpfter Geist sein Unwesen getrieben und den Sennen und Kräutersammlern ihre Arbeit mit allerlei üblen Streichen erschwert haben. Unbotmässige und allzu Kecke, die ihn dingfest machen wollten, habe er gar mit Schwären und Grinden heimgesucht. Wir meiden die ungeheure Gegend in weiser Voraussicht und folgen der Naturstrasse, die auf der rechten Talflanke am Fuss von Mären- und Lachenplanggen in leichter Steigung bergan führt.

Über den Lachengrat ins Klöntal
Nach dem letzten Waldstück geht es über karges Weideland hinauf zur Unter Lachenalp, über den Sulzbach und weiter südwärts zur Ober Lachenalp, einer leicht sumpfigen Ebene. Zusehends verliert sich der Weg im steilen Grasland, und die rot-weissen Markierungen sind oft schwer auszumachen. Doch fehlgehen können wir kaum, denn am Horizont erblicken wir auf dem Lachengrat den markanten Wegweiser. Hier, auf der Wasserscheide bei 1814 m ü. M., haben wir nach knapp drei Stunden die höchste Stelle unserer Wanderung erreicht, den langgestreckten Sattel zwischen Mutteri- und Redertenstock zur Rechten und dem Mättlistock, leicht zurückversetzt, zur Linken. Der ausgeprägte, scharfe Lachengrat, der nach beiden Seiten steil abfällt, markiert die Grenze zwischen Oberseetal und Klöntal und zwischen den Gemeinden Näfels und Glarus. Bis zum Ufer des Klöntalersees erwartet uns ein Abstieg von rund 1000 Höhen-

Den Abstieg vom Lachengrat zum fjordartigen Klöntalersee beschatten lichte Laubmischwälder.

metern; vom See selbst ist aber noch nichts zu sehen, nur stotzige Weiden, überragt von blankem Fels.

Eine vage, nicht allzu deutliche Wegspur führt in südlicher Richtung, den Hang schräg anschneidend, vom Lachengrat talwärts zur Ober Längenegg. Das Gelände ist hier ziemlich morastig, braunschwarze Erdnarben klaffen da und dort im grünen Rasenteppich, und feuchte Klumpen haften an unseren Profilsohlen. Doch langsam zeichnet sich die Wegspur wieder deutlicher ab und wird vom Chängel an ein Alpsträsschen, das mit seinen vielen Kehren die grosse Höhendifferenz bis Ratlis etwas mildert. Hier wird das Gelände für kurze Zeit flacher, und mächtige Laubbäume säumen den Weg. Bei Ralli dann der letzte steile Abstieg bis zum Schwändeli, wo wir auf die Klöntalerstrasse treffen. Hier öffnet sich der Blick auf den lang gestreckten Klöntalersee. Ein Fussweg erspart uns die zwei grossen Kurven, dann geht es auf Strasse und Abkürzung weiter Richtung Vorauen.

Kurz vor der Waldzunge liegt linker Hand ein modernes Kirchlein zwischen locker stehenden Bäumen. Eben ist hier eine unkonventionelle Hochzeit im Gang: Statt Limousinen blinken auf Hochglanz polierte Harley Davidsons, Hondas, Yamamotos und andere Feuerstühle zwischen den Stämmen. Kurze Zeit später überholt uns der Konvoi: Blitzendes Chrom, leuchtendes Blech, viel schwarzes Leder und eine vibrierende Motorensymphonie bilden einen ziemlichen Kontrast zur erhabenen Bergwelt und zur Stille des fjordartigen Klöntalersees. Grün und ruhig liegt er am Fusse des Glärnisch, der sich in seinem Wasser spiegelt. «Unser einziger Fünftausender», prahlt der Chauffeur des Postautos, das direkt vor dem Restaurant «Vorauen» hält und uns «an Bord» nimmt. Als der Fahrer unsere ungläubige Miene bemerkt, fügt er augenzwinkernd hinzu: «Hä dängg woll – vum Seeschpiegel 2500 Meter obsi und 2500 Meter nidsi – macht preziis fiiftuused Meter, oder eppe-nüd?» Dem ist nicht zu widersprechen, doch ist zu hoffen, dass der gewitzte Rechner ein ebenso versierter Fahrzeuglenker ist. Denn bis hinunter nach Glarus sind noch einige Kurven zu bewältigen.

Bunte Ruderboote am Ufer des Klöntalersees warten auf ihren Einsatz auf den Wellen.

Auf der Glarner Sonnenterrasse

Von Schwanden via Oberblegisee nach Braunwald

Route
Schwanden–Thon–Weiden–Leuggelen–Unter Stafel–Oberblegisee–Bösbächi/Mittler Stafel–Braunwaldalp–Braunwald Station.

Anreise
Mit den SBB von Zürich (□ 900) oder Rapperswil (□ 735) nach Ziegelbrücke und von dort nach Schwanden (□ 736).

Rückreise
Von Braunwald mit der Standseilbahn nach Linthal (□ 2840). Von dort mit den SBB nach Ziegelbrücke (□ 736).

Wanderzeit
Ca. 5¼ Stunden.

Karten
Landeskarte 1:25 000, Blätter 1153 «Klöntal» und 1173 «Linthal».

Gaststätten
«Alpenblick» in Leuggelen, Mittler Stafel/Bösbächi.

Besonderes
Für Abgehärtete: Baden im Oberblegisee; verkehrsfreies Braunwald.

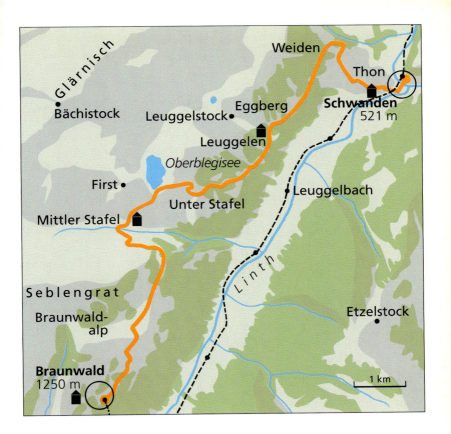

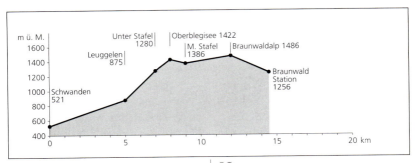

Gemächlicher Aufstieg

Von der Station Schwanden gelangen wir über Bahnhofstrasse, Kreuzplatz und Thonerstrasse zum Dorfteil Thon. Entlang der Strasse fallen uns die zahlreichen Wohnhäuser der Familie Blumer aus der ersten Hälfte des 19. Jahrhunderts auf. In ihrer geradezu urbanen Anmutung erinnern sie daran, dass im Glarnerland die Industrialisierung schon sehr früh Einzug hielt und einen gewissen Wohlstand ins Tal brachte. Nicht zu vergessen sind aber auch die Wirtschaftskrisen jener Zeit, die unzählige Glarner zum Auswandern in die Neue Welt und zu Gründungen wie etwa New Glaris (Wisconsin) führten.

Beim Gasthaus «Raben» zweigen wir nach links ab, und nach etwa 100 Metern nach rechts in die Geissgass. Durch Wiesen und Buchenwald geht es – zuerst in nördlicher Richtung, dann nach einer ausgedehnten Linkskurve in südwestlicher Richtung – auf der Forststrasse in angenehmer Steigung über Weiden, Gilbi und Eggberg nach Leuggelen, wo eine einfache Sommerwirtschaft Möglichkeit zur Rast bietet. Der Weg verläuft etwa zwei Kilometer in derselben Richtung und führt in angenehmer Steigung abwechslungsweise durch Laubwald und Grasland. Immer wieder öffnen sich grossartige Blicke ins Tal der Linth. Heute zieht sie als silbernes Band in wenigen Krümmungen durch den Talboden: Die Kanalisierung des vormals stark mäandrierenden Flusses und die Entsumpfung auf Initiative von Hans Konrad Escher von der Linth in den Jahren 1807 bis 1822 liessen nicht nur fruchtbares Kulturland entstehen, sondern bewahrten das Gebiet künftig auch vor Überschwemmungen und Epidemien.

Bei der Wegmarke verlassen wir das Strässchen hangwärts, und es beginnt ein steiler Anstieg durch Wald und Alpweiden. Oberhalb von Unter Stafel öffnet sich schliesslich die weite Talmulde von Oberblegi, wo uns eine wahre Idylle erwartet: Tiefblau liegt der See in der grünen Matte, und in der Mittagssonne spiegeln sich die abweisenden Felswände des Glärnischmassivs auf der Wasserfläche.

Baden oder nicht baden?

Der Oberblegisee wird vom Moränenwall des ehemaligen Bächigletschers gestaut. Gespeist wir er von zahlreichen Gletscherbächen, die sich ihren Weg durch die Schutthalden am Fusse des rund 2900 Meter hohen Glärnischmassivs bahnen und deren Rauschen und Grollen selbst das muntere Treiben, das an diesem heissen Sommertag rund um den Oberblegisee herrscht, übertönt: Wir sind hier in der Tat nicht ganz allein. Picknickgesellschaften scheinen sich mit dem Qualm ihrer Feuer gegenseitig überbieten zu wollen, in den grossen Wandergruppen bringt jeder noch so flache Witz Lacher, die zahlreichen

Ein Bad im kalten Oberblegisee verlangt auch bei hochsommerlichen Temperaturen einiges an Überwindung.

Hunde müssen zum x-ten Mal einen ins Wasser geworfenen dürren Ast oder ein buntes Plastikbällchen rapportieren und schütteln das nasse Fell just in der Nähe von Papa, der eben im Schatten eines Steinbrockens friedlich Siesta hält und nun entnervt auffährt, zum Gaudi seiner eigenen Sprösslinge. Gross und Klein, zum Teil im improvisierten Badeanzug, wagt sich ins kalte Nass, den Zaungästen exquisite Kabarettnümmerchen darbietend. Ganz Mutige wagen sich sogar recht weit hinaus in den See ... Nur gut, dass sie die uralte Geschichte vom Leuggelbacher Geissbuben nicht kennen.

Dieser hatte sich vorgenommen, über den See zu schwimmen, dessen Abfluss nirgends zu sehen ist und unterirdisch erfolgt. Der Senn in der Hütte hatte den Geisser noch gewarnt: «Sei kein Narr! Man soll Gott nicht versuchen!» Aber der Junge soll nur keck erwidert haben: «Obs dem Herrgott passt oder nicht: Ich will hinüber!» Der Senn sah mit ungutem Gefühl zu, wie der Geissbub über den See schwamm. Fast hatte er das andere Ufer erreicht, als es ihn mit unheimlicher Macht in die Tiefe zog. «Der Haggemaa wird ihn am Bein gepackt haben», dachte der Senn bei sich. Doch zur selbigen Stunde soll die Mutter des Geissers unten im Tal bei Leuggelbach Wasser geholt haben. Wie musste sie erbleichen, als ihr plötzlich der Kopf ihres eigenen Buben in den Zuber sprang ...

Ein mundfauler Wirt am Fuss des Bös Fulen

Eine grausliche Sage, die uns nur ein kühles Fussbad ratsam scheinen lässt. Erfrischt und gestärkt setzen wir unsere Wanderung Richtung Braunwald fort. Mit einem letzten Blick zurück nehmen wir Abschied von der Alp Oberblegi mit ihrem See. Schon kurze Zeit später begrüsst uns die Schweizerfahne bei der Sommerwirtschaft etwas oberhalb der Alphütten von Mittler Stafel auf Bösbächi. Wir bringen es nicht über uns, sie links liegen zu lassen. Damit sich die Wirtsleute den Umweg durch den ordentlichen Hauseingang sparen können, haben sie kurzerhand das Stubenfenster zum Office umfunktioniert: dort nimmt Frau Wirtin die Bestellungen entgegen, während ihr Mann mit derbem Berglercharme die ewig gleichen Fragen der geschwätzigen Unterländer nach dem Angebot schon gar nicht mehr beantwortet und stattdessen stumm auf die Karte deutet.

Vom Logenplatz unter dem impovisierten Schattendach, den wir mit Mühe und Not ergattern können, geniessen wir den Blick ins Bächital hinein. Beidseits des Bachs sind zwei ausgeprägte Seitenmoränen des prähistorischen Bächigletschers auszumachen, die sich weiter unten im Tal zu einem Endmoränenbogen vereinigen und dem Bach nur eine schmale Rinne lassen. Die steilen Wände von First, Wissgandstock und Rüchigrat zu unserer

Zwischen Oberblegi und der Talsenke des Bächibachs schlängelt sich ein schmaler Weg über blumige Alpwiesen.

Rechten gleissen in der heissen Nachmittagssonne, während der dominante Bös Fulen, der Eggstock und der Seblengrat im Gegenlicht versinken.

Für die letzte, einstündige Etappe unserer Wanderung überqueren wir bei den Alphütten den Bächibach und steigen über den südlichen Moränenwall ins Paralleltälchen, das ebenfalls von einem Bach durchflossen wird. Von hier aus führt der Weg durch Alpweiden und lichten Bergwald ohne nennenswerte Steigungen hinauf zur Braunwaldalp, wo sich uns ein grossartiger Blick auf den Kessel des Glarner Hauptales eröffnet. Bald ist das Rubschensträsschen etwas unterhalb der Alpgebäude erreicht, und von hier geht es hinunter nach dem verkehrsfreien Braunwald, von wo uns die steile Braunwald-Standseilbahn ins Tal hinunter führt.

Freiberg Kärpf, ältestes Wildreservat Europas

Von Elm übers Wildmadfurggeli nach Schwanden

Route
Unter Empächli–Ober Empächli–Pleus–Cheerböden–Gelb Chopf (Chüebodenseeli)–Wildmadfurggeli–Hinter Matt–Schwarz Chöpf–Nideren Ober Stafel–Stausee Garichti (Mettmen).

Anreise
Mit den SBB von Zürich (□ 900) oder Rapperswil (□ 735) nach Ziegelbrücke und weiter nach Schwanden (□ 736). Von dort mit dem Autobus nach Elm, Sportbahnen (□ 736.70) und mit der Gondelbahn zur Bergstation Empächli (□ 2837).

Rückreise
Von Mettmen mit der Luftseilbahn nach Kies (□ 2830). Von dort mit dem Autobus nach Schwanden (□ 736.65) und mit der Bahn nach Ziegelbrücke (□ 736).

Wanderzeit
Ca. 5½ Stunden.

Karten
Landeskarte 1:25 000, Blatt 1174 «Elm».

Gaststätten
«Schabell» auf Unter Empächli, «Mungga-Hütte» auf Ober Empächli (nur an schönen Wochenenden geöffnet), Mettmenalp.

Besonderes
Elm mit Suworow-Haus und Grosshaus, Wildtiere im Gebiet des Freibergs Kärpf, Martinsloch.

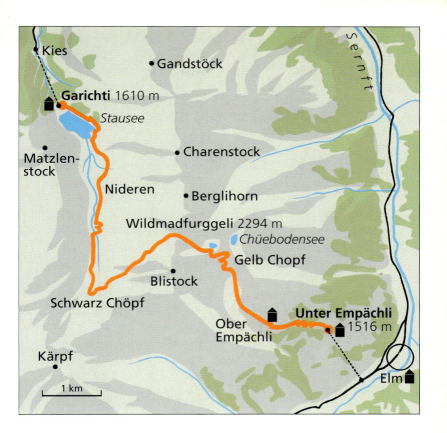

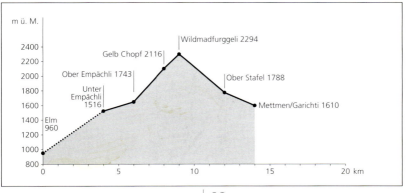

Das Loch im Berg

In Schwanden besteigen wir den Autobus, der uns durchs enge Sernftal über Engi und Matt hinauf ins 800-Seelen-Dorf Elm bringt, das zuhinterst im Talkessel wie in einem Trichter liegt. Der Heimatort des Skiasses Vreni Schneider ist nicht nur Ausgangspunkt vieler Wanderungen, auch die Ortschaft selbst lohnt den Besuch. Braungebrannte schmucke Holzhäuser, das steinerne Suworow-Haus, wo der russische General vor seinem langen Marsch über den Panixerpass im Jahr 1799 übernachtete, sowie die hübsche Kirche prägen den Dorfkern, der 1981 mit dem Wakker-Preis ausgezeichnet wurde.

Eine weitere Elmer Besonderheit ist das Martinsloch, ein gut 400 Quadratmeter grosses Felsenfenster in den Tschingelhörnern, durch welches die Sonne jeweils am 12./13. März um 8.55 Uhr und am 30. September/1. Oktober um 8.34 Uhr exakt auf den Kirchturm von Elm scheint. Nein, es war keine verirrte Kanonenkugel Suworows, die das Loch schlug. Auch handelt es sich nicht um den Werbegag weder des Elmer Verkehrsvereins noch der einstigen Schweizerischen Käseunion. Der Bus-Chauffeur weiss es besser, und da sein Gefährt die Route fast von selbst kennt, gibt er bereitwillig die Geschichte in seiner gemütlichen Glarner Mundart zum Besten: Ein erboster Senn habe seinen eisenbeschlagenen Stecken nach einem Riesen geschleudert, der ihm das Vieh hatte klauen wollen, und zwar mit solcher Wucht, wie das nur Sennen – Glarner Sennen, versteht sich! – können. So sei der Stock krachend durch die Felswand gefahren, da sich der freche Kuhdieb geistesgegenwärtig geduckt habe.

Inzwischen hat der Bus die letzten Häuser Elms hinter sich gelassen und hält vor dem Gebäude der Elmer Sportbahnen. Wir besteigen eine der blauen Gondeln und gleiten über die Tannenwipfel am Drahtseil hinauf zur Bergstation Empächli, die bereits in der Sonne liegt.

Der Freiberg

Natürlich können wir es uns nicht verkneifen, dem Bergrestaurant «Schabell» einen Besuch abzustatten, zumal hier eben eine Ausstellung über den Freiberg Kärpf gezeigt wird. Der Kärpf ist ein Bergmassiv, das sich mit mehreren Spitzen – Kärpf, Blistöcke, Berglihorn, Schafgrind und Gandstöcke –, grünen Matten, kristallklaren Bergseelein und schroffen Halden aus Flysch, Verrucano und Kalk zwischen die Flüsse Linth und Sernft schiebt.

Im Jahr 1548 brachte es ein weitsichtiger Glarner Landamann namens Joachim Bäldli soweit, dass ein Fünftel des Kantonsgebiets als Jagdbann – eben als Frybärg – ausgesondert wurde. In der Folge regte dieses Jagdverbot, das den Bestand an Schalenwild wieder ansteigen liess, nicht nur die Wilderer an,

Der Aufstieg aufs Wildmadfurggeli beschert immer wieder grossartige Ausblicke auf die schneebedeckten Glarner Gipfel.

sondern es führte auch zu einer Reihe eigenartiger Bräuche, etwa demjenigen, hohen Staatsbesuch ausschliesslich mit Wildbret aus dem Kärpfgebiet zu bewirten und jedem ehrbaren Bürger, der zwischen Jakobi und Martini heiratete, zwei Kärpfer Gämsen als Hochzeitsgabe zu schenken. Als sich die Zahl der Eheschliessungen in dieser Periode massiv mehrte, beschränkte man sich auf eine Gämse und gab die Sitte gegen Ende des 18. Jahrhunderts ganz auf. Der Freiberg Kärpf darf somit als das älteste Wildschutzgebiet Europas gelten, und heute sind es weniger die Nimrode, die den Wildbestand bedrohen, als vielmehr die superaktive Freizeitgesellschaft, die mit Skiern, Gleitschirmen und Wanderschuhen den Lebensraum der rund 60 Tier- und Vogelarten, die am Kärpf leben, immer mehr beansprucht. Dermassen auf die Problematik sensibilisiert, nehmen wir nun die Tour in Angriff.

Gämsen und Bergseelein

Durch lockeren Baumbestand führt uns der Weg westwärts auf die Alp Ober Empächli, wo zwei Hütten stehen. Immer wieder leuchten zwischen den dunklen Nadelbäumen die bereits weiss gepuderten Gipfel des Kärpf und des Blistocks auf, und bald schon haben wir freie Sicht auf die mächtige Talwand mit den Dreitausendern Hausstock, Vorab, Piz Segnas und Piz Sardona bzw. Surenstock, welche die Wasserscheide zum jenseitigen Vorderrheintal bilden. Der stetige, aber nicht allzu steile Anstieg bringt uns über die Weiden Pleus und Cheerböden zur ersten Krete, dem Gelb Chopf auf 2116 m ü. M. Dahinter liegt in einer Senke der Chüebodensee. Und wie im Prospekt verheissen, erblicken wir über den steilen Geröllwänden in einer Distanz von weniger als hundert Metern zwei Gämsen, die uns neugierig beäugen und keineswegs an die Flucht denken.

Wir lassen den See rechts liegen, steigen also nicht in die Senke hinunter, sondern wenden uns weiter westwärts und peilen den gut markierten Sattel an, der uns den Einstieg in eine zweite, etwas höher gelegene Bergmulde gewährt, wo verschiedene Tümpel zwi-

Der einsame Chüebodensee, eingefasst von unwirtlichen Geröllhalden.

Als weite Rinne öffnet sich das Niderental im Norden gegen den Garichti-Stausee.

schen ersten Schneefeldern leuchten: die Wildmad. Nach einem weiteren kurzen Aufstieg erreichen wir nach gut drei Stunden das Wildmadfurggeli auf 2294 m ü. M., wo ein dominanter gelber Wegweiser die Richtigkeit der Route bestätigt.

Der gemächliche Abstieg, zuerst in weitem Bogen westwärts, wendet sich unterhalb der Schwarz Chöpf gegen Süden und folgt nun dem Niderenbach. Plötzlich verschwinden die rauschenden Wasser in einem Felsentor, der sogenannten Chärpfbrugg, um knapp 100 Meter weiter unten wieder zum Vorschein zu kommen. Bei niedrigem Wasserstand dürfte man es wohl wagen, diesen Naturstollen, ein schönes Schulbeispiel eines geologischen Fensters, zu durchschreiten. Wir aber ziehen den Übergang vor und erreichen alsbald die Alp Ober Stafel, wo uns das Wiehern zweier gelangweilter Gäule begrüsst; gottlob finden sich in unserem Rucksack noch ein paar Karotten.

Durch bereits vom ersten Schneefall geknickte Farnwedel und niedrige Stauden führt der Weg alsdann hinunter zum Stausee Garichti. Über den Kamm der mit dem hiesigen dunklen Quarzporphyr verkleideten Staumauer gelangen wir zum Gasthof «Mettmenalp» und zur Bergstation der Luftseilbahn, die uns hinunter nach Kies bringt. Von dort sind wir mit dem Autobus in 20 Minuten in Schwanden.

Der Foopass, kein Fauxpas

Vom Weisstannental ins Sernftal

Route

Weisstannen–Vorsiez–Schwammböden–Walabütz/Untersäss–Foo–Foopass–Raminer Matt–Ramin/Mittler Stafel–Eggboden–Elm.

Anreise

Mit den SBB von Zürich (□ 900) oder St. Gallen–St. Margrethen (□ 880) nach Sargans. Von dort mit dem Postauto nach Weisstannen Oberdorf (□ 900.50).

Rückreise

Von Elm mit dem Autobus nach Schwanden (□ 736.70). Von dort mit den SBB nach Ziegelbrücke (□ 736) und weiter nach Zürich bzw. Sargans (□ 900) oder Rapperswil (□ 735).

Wanderzeit

Ca. 7 Stunden.

Karten

Landeskarte 1:25 000, Blätter 1175 «Vättis» und 1174 «Elm».

Gaststätten

Sennerei Vorsiez.

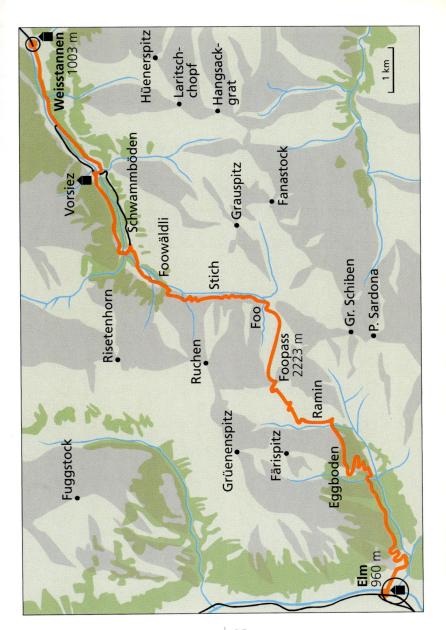

Hinein ins Weisstannental

Unsere Wanderung beginnt auf 1003 m ü. M. bei der Postautohaltestelle Weisstannen Oberdorf, wo uns jenseits der Brücke der Wegweiser nochmals klar macht: Bis Elm im Glarnerland stehen uns rund 7 Stunden Wanderzeit bevor.

Das sanft ansteigende Asphaltsträsschen der Seez entlang eignet sich hervorragend, um unsere Beine so richtig in Schwung zu bringen. Bald schon hält ein talwärts fahrender Kombi vor uns an – der Fahrer will uns nicht, wie wir zuerst glauben, Durchgang gewähren, sondern er steigt aus und zeigt uns voller Stolz glänzende, prall runde Käselaibe – die «Früchte» eines schönen Alpsommers. Für einen Kauf ist der Tag aber noch zu jung, sind unsere Rucksäcke noch zu schwer.

Nach rund zwei Kilometern (Punkt 1066) lassen wir die Brücke rechts liegen und gehen geradeaus in den Bannwald hinein. Den Bergbach traversieren wir erst bei der nächsten Brücke, wo wir wieder auf das Asphaltsträsschen stossen. Auf diesem gehen wir jenseits des Baches ca. 200 Meter zurück und erreichen die neuen Gebäude von Vorsiez, wo im Sommer eine schöne Bergwirtschaft für das Wohl der Wanderer sorgt. In der Kurve nehmen wir die breite Naturstrasse, die links abzweigt und uns bald durch einen schönen Mischwald führt. Bei den Schwammböden zweigen wir links ab und überqueren kurz darauf wiederum die Seez. Bei Glätti gelangen wir erneut auf das Asphaltsträsschen, dem wir bis zu dessen Ende in Untersäss folgen.

Untersäss gehört zusammen mit den weiter oben zwischen Risetenhorn und Schmidstöck gelegenen Alpen zum Gebiet Walabütz. Der Fund eines spätbronzezeitlichen Schwertes auf der Walabütz-Matt bezeugt, dass diese Gegend schon zu Beginn des 1. vorchristlichen Jahrtausends begangen worden sein musste. Der Name Seez übrigens geht auf den lateinischen Namen «sentana» zurück und lässt auf eine spätere romanische Bevölkerung des Tals

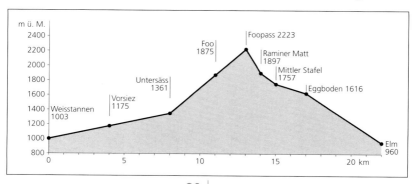

schliessen, die ihre etymologischen Spuren zurückgelassen hat. Bereits im 5. Jahrhundert wurde die Talschaft jedoch durch Alamannen besiedelt.

Verschiedene Bachtraversen

Wir gehen unterhalb der Hütten von Untersäss weiter und überqueren den Mattbach, den wir oben über die Felswand hinunterstauben sehen. Eine Markierung weist uns bald den Weg in allgemein südlicher Richtung zum Foopass. Durch das Foowäldli und eine Geröllhalde geht es nun steil bergan, brückenlos über den Prägelbach, dann in noch steilerem Zickzack, bis sich auf 1700 Meter Höhe die ausladende Talmulde auftut und uns den Blick auf Chli Schiben, Gross Schiben und Piz Sardona im Süden eröffnet. Über Unter Stich und Stich führt uns der Weg in leichter Steigung talaufwärts und immer näher an den Bach heran. Nachdem wir die Felsensperre von Enggi passiert haben, weitet sich der Talkessel erneut. Wir lassen uns weiter vom Wasserlauf leiten und erreichen bald die Alp Foo, die sich zu unserer Rechten auf einer Felskanzel ausbreitet. Kurz nach den Alphütten überschreiten wir den Foobach, umgehen den Grat der Heitelchöpf und gelangen so in eine zweite, parallel verlaufende Rinne, die vom Heitelbach durchflossen wird. Wir befinden uns jetzt auf der südlichen Flanke der Heitelchöpf und steigen ihr

Obwohl schon der erste Schnee gefallen ist, lassen sich die letzten paar hundert Meter zum Foopass mühelos bewältigen.

durch feuchten Schotter und Kies in der Traverse entlang, bis wir auf der markanten Krete des Foopasses stehen.

Eine uralte Passverbindung

Der Name Foo soll aus dem Althochdeutschen stammen und Fuchs bedeuten. Noch im letzten Jahrhundert wurden Alp und Pass als Fohn geschrieben. Die Verbindung zwischen dem Weisstannen- und dem Sernftal über den Foopass ist seit prähistorischer Zeit bekannt und hat in Zeiten politischer Spannung auch als Ausweichroute für den Verkehr zwischen dem Rheintal und der Innerschweiz gedient. So sollen Anfang der dreissiger Jahre des 16. Jahrhunderts, zur Zeit der Reformationswirren, als Zürich den Innerschweizern die Proviantzufuhr sperrte, auf Schleichwegen bis zu 60 Saumtiere pro Tag Salzladungen über den Foo nach Elm gebracht haben, von wo sie weiter über den Pragelpass nach Schwyz gelangten.

Oben auf dem Pass (2223 m ü. M.) steht man sozusagen mit einem Fuss im St. Gallischen, mit dem anderen bereits im Glarnerland. Wer würde zu entscheiden wagen, welcher Blick schöner ist: vorwärts oder rückwärts? Vor uns tut sich die Glarner Alpenwelt auf ... und allmählich auch die Einsicht, dass der Abstieg um einiges steiler sein dürfte als der Aufstieg. Und in der Tat: Über Ranggleren geht es mehr als 460 Höhenmeter hinunter zur Raminer Matt und zur Mittler Stafel – wie das wohl

Erste Schneefelder auf den Runsen und Scharten des Schiben kündigen den nahen Winter an.

die Saumtiere geschafft haben? Und das Vieh? Mitte des 19. Jahrhunderts gehörte nämlich die Hälfte der 250 Stösse auf der Alp Ramin Bauern aus Mels, die ihr Vieh über den Foopass auf diese Glarner Alp trieben – 24 Kilometer weit und über eine Höhendifferenz von rund 2000 Metern! Erst in neuerer Zeit wurde der Übergang zwischen dem Weisstannen- und dem Sernftal ein beliebter Wanderweg; in all den Jahrhunderten zuvor stand er im Dienste der Alpwirtschaft – als Viehtrieb, Transportweg und zu Kommunikationszwecken.

Abstieg ins Sernftal

Auch im Sernftal treffen wir wieder auf das Nebeneinander von romanischen und alamannischen Flurnamen: Ramin, Gamperdun oder Valzüber einerseits, Schwändi, Rütiweid usw. andererseits, was auf alamannnische Rodungen hinweist. Im 13., 15. und 16. Jahrhundert wanderten Walserfamilien aus dem Vorderrheintal zunächst über den Panixerpass, bei einem zweiten Schub dann auch über den Foopass, ins Sernftal ein.

Beim Abstieg vom Mittler Stafel über Gmein Mad bis Eggboden finden wir auf einer Länge von rund 500 Metern ein Plattenpflaster vor; dieser Wegabschnitt ist das letzte Relikt des 1933 angelegten Fahrweges, der durch seine Linienführung, die Art der Pflasterung und durch den historischen Kontext als schützenswert gilt.

Von Eggboden geht es steil den Raminer Wald hinunter und talauswärts, während unter uns der Raminer Bach gurgelt. Auf dem Talgrund angelangt, folgen wir von der Ferienhaussiedlung Wisli an am besten dem Strässchen, das direkt zur Bushaltestelle bei Elm führt. Falls wir das Dorf besichtigen wollen, bleiben wir auf dem Weg näher beim Raminer Bach und überqueren diesen etwas weiter unten auf einer Brücke.

Elm – von Schnee und Stein bedrängt

Bis 1881 wurde aus der Stirn des Plattenbergs ziemlich fahrlässig Schiefer gebrochen, bis der ganze Hang den Halt verlor und in einem fatalen Bergrutsch 114 Menschen tötete und 90 Hektaren Kulturland zerstörte. Ab dato musste das Material für die Elmer Schultafeln, auf denen Generationen von ABC-Schützen schreiben gelernt hatten, aus Norditalien importiert werden.

Im Februar 1999 machte die für ihr intaktes Dorfbild mit dem Wakker-Preis ausgezeichnete Gemeinde Elm Schlagzeilen, weil die Talschaft den grössten Schneezuwachs im ganzen schweizerischen Alpenraum zu verzeichnen hatte und wochenlang von der Umwelt abgeschnitten blieb. Zum Glück rissen die zahlreichen Lawinen keine Menschen und Tiere in den Tod, was nicht zuletzt auf das vorbildliche Krisenmanagement zurückzuführen war; die materiellen Schäden waren allerdings enorm.

Durchs St. Galler Oberland

Von Weisstannen über die Wildseeluggen zur Pizolhütte

Route
Weisstannen Oberdorf–Sässli–Batöni–Stofel–Lavtinasattel–Wildsee–Wildseeluggen–Pizolhütte.

Anreise
Mit den SBB von Zürich (☐ 900) oder St. Gallen (☐ 880) nach Sargans und von dort mit dem Postauto nach Weisstannen Oberdorf (☐ 900.50).

Rückreise
Von der Pizolhütte mit der Sessel- und Gondelbahn nach Wangs (☐ 2800) und von dort mit dem Postauto nach Sargans (☐ 900.55).

Wanderzeit
Ca. 5¾ Stunden.

Karten
Landeskarte 1:25 000, Blatt 1175 «Vättis».

Gaststätten
Pizolhütte.

Besonderes
Reiche Fauna und Flora, Schloss Sargans.

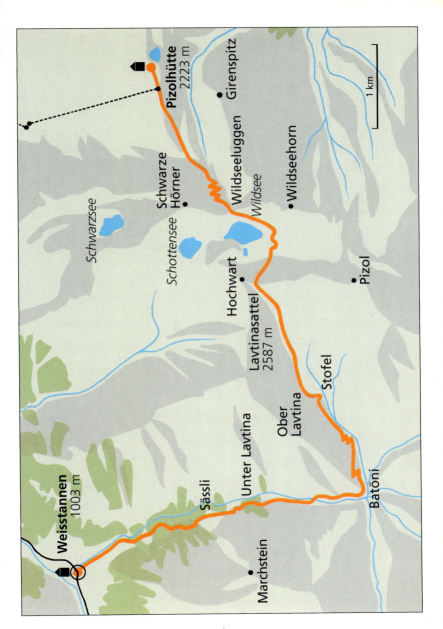

Szenenwechsel für Stadtmenschen

In eindreiviertel Stunden von der grössten Schweizer Stadt nach Weisstannen Oberdorf – ein Kulturschock möglicherweise für alle, die die Reise unvorbereitet antreten: Von den verbauten Ufern des Zürichsees fährt man durch die weite Linthebene, dann durch den schmalen Korridor von Walensee und Seeztal angesichts der Ehrfurcht einflössenden Kulisse der Churfirsten und schliesslich – im Postauto – gleich oberhalb von Mels hinein ins romantische Weisstannental. Dichte Wälder von Tannen (hellere, weissere als anderswo?), schroffe, abweisende Felswände mit zahllosen Wasserläufen überall, die Seez, mal ruhig neben der Strasse fliessend, dann wieder tief unten im Tal gurgelnd – sind wir auf einem andern Planeten?

An der Postauto-Endstation in Weisstannen Oberdorf steigen wir aus. Skurrile Nebelfetzen kleben an den steilen Felswänden, doch bald wird die Sonne durchbrechen. Wir überqueren den Gufelbach, der sich ein paar hundert Meter weiter unten mit der von Westen herkommenden Seez vereinigt, und folgen ihm hinein ins Lavtinatal. «Lavtinasattel–Wildseeluggen–Pizolhütte», steht auf dem Wegweiser.

Einzigartiges Wasserfallspektakel

Bald erreichen wir ein erstes Waldstück, und die Route wird steiler. Auffallend der schwarze Schiefer mit den darüberliegenden Blattengratschichten, eine Geologie, die immer wieder für Felsstürze verantwortlich ist. Vorsorglicherweise ist der markierte Wanderweg, wo Rutsche drohen könnten, mit robusten Baumstämmen gesichert. Kurz vor dem Sässli in Unterlavtina kommen wir auf offenes Weideland, dann in ein letztes kleines Waldstück. Das Tal wird immer enger, und der Weg verläuft nun auf der Höhe des Baches, den wir bald auf einem eisernen Steg überqueren. Das Wasser, das wir durch den Rechen in den Untergrund verschwinden sehen, gelangt in einem unterirdischen Kanal aus dem Weisstannental in den Stausee Gigerwald im

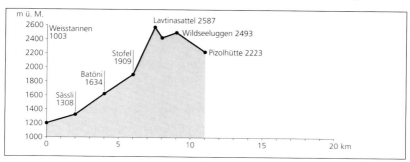

Zuhinterst im Talkessel von Batöni rauschen die Wasser und sammeln sich zum Gufelbach, der in den Gigerwaldsee abgeleitet wird.

Calfeisental und dient der Stromgewinnung.

Im Talkessel Batöni, rund 800 Meter nach dem Steg, erwarten uns nach etwa zwei Stunden in der inzwischen gleissenden Sonne nicht weniger als drei imposante Staubbäche auf einen Schlag: der Sässbach in der Mitte, der Muttenbach rechts, der Piltschinabach links. Nach ihrem spektakulären Sturz über die Felswände vereinigen sie sich auf dem Talgrund mit dem Lavtinabach und dem Guetentalbach zu eben dem kräftigen Wasserlauf, dem wir bislang folgten. Bei Batöni trennen sich die Routen: Rechts geht es über den Heitelspass ins Calfeisental, links zum Lavtinasattel und zum Wildsee – die Route, die wir wählen.

«Tierischer Aufstieg»

Unser Weg an der Flanke des Oberlavtina wird nun anstrengend. Doch Aufpassen heisst es nicht nur wegen des steilen, zum Teil etwas rutschigen Pfades, sondern auch wegen der zahlreichen Tiere: Dutzende von trägen Salamandern lassen sich von uns nicht im Geringsten stören und rasten auf dem Weg, schwarzglänzend wie der Schiefer, der uns immer noch begleitet. Im Gras wimmelt es nur so von diesen schönen Tieren. Die Alpenwiesen, aus denen überall Wasser dringt, sind ein idealer Lebensraum für den Alpensalamander, der sich ab etwa 1000 Metern wohl fühlt und bis in Höhen von über 2800 Metern vorkommt. Die Weibchen bringen normalerweise nur zwei Junge zur Welt, eines aus jedem Eileiter. Doch anders als andere Salamander, die sich aus Larven mit Kiemen im Wasser entwickeln, kommen die Alpensalamander vollständig entwickelt und lungenatmend zur Welt. Mit etwa 7 cm Körperlänge sind sie fast halb so gross wie die erwachsenen Tiere. Eine wunderbare Anpassung der Fortpflanzung an die Hochgebirgsverhältnisse: Die Jungtiere werden zwar erst nach dreijähriger Trächtigkeit geboren, dafür aber in so fortgeschrittenem Entwicklungsstadium, dass sie die besonderen klimatischen Bedingungen im hochalpinen Raum mit den kurzen Sommern und den frühen Frösten gut bewältigen können. Auch ein Murmeltier erspähen wir; obwohl es nur ein paar Meter von uns entfernt ist, hat es nicht die geringste Eile, sich von dannen zu machen.

Nach Stofel verläuft der Weg weitgehend durch Weideland, doch nicht immer ist ein Pfad sichtbar. Man muss sehr genau auf die Markierungen achten, damit man nach einer kleinen Ebene und einem weiteren Anstieg quer durch Wiesen schliesslich den Zickzackpfad findet, der im immer steiler werdenden Täli zum Lavtina- oder Hochwartsattel auf 2587 m ü. M. hinaufführt. Hier oben, an der Krete der Grauen Hörner – wir sind nun viereinhalb Stunden unterwegs –, verabschieden wir uns vom Lavtinatal und dem gegenüber liegenden Guetental und Muttental mit Heitelspitz und Heitelpass. Dahinter thronen der Piz Sardona, die Spitzmeilen-Gipfel und die Glarner Alpen mit dem Mürtschenstock.

Mondkraterlandschaft mit See

Vor uns liegt eine vollkommen andere Landschaft: der gräulich glänzende Wildsee mit seinen zwei kleineren namenlosen Geschwistern inmitten von Gestein und Geröll – nach dem satten Grün im Oberlavtina kommt die Talmulde uns fast wie eine Mondlandschaft vor. Nach einem steilen Abstieg folgen wir den Markierungen über grosse Felsbrocken, und etwas oberhalb des Wildsees steigen wir an der rechten Flanke zur Wildseeluggen auf 2493 m ü. M. hinauf. Rückwärts sehen wir oberhalb des Talkessels den Pizol mit seinem milchfarbenen Gletscher, dessen Zunge weit in den Kessel hinunterleckt und dem Wildsee seine Farbe gibt. Nach kurzer Rast nehmen wir das letzte Wegstück in Angriff. Zuerst über Schotter an der Flanke des Valplonatals, später über einen braungrünen Rasenteppich hinuntersteigend, erreichen wir das oberhalb des Wangsersees gelegene Ziel unserer Route: die Pizolhütte bzw. die Bergstation der Pizolbahn, mit der wir bequem ins Tal hinunter gleiten.

Inmitten einer Mondkraterlandschaft blinkt geheimnisvoll der gräulich glänzende Wildsee.

Schon den Römern bekannt: der Kunkelspass

Von Vättis über den Kunkelspass nach Tamins

Route Vättis–Unterkunkels–Hinteralp–Drostobel–Wassertobel–Tubetobel–Kunkelspass–Foppaloch–Hellhalde–Tamins.

Anreise Mit den SBB von Zürich (☐ 900) oder St. Gallen (☐ 880) nach Bad Ragaz. Von dort mit dem Postauto nach Vättis (☐ 900.62).

Rückreise Von Tamins mit dem Postauto nach Chur (☐ 900.75) oder mit der Rhätischen Bahn von Reichenau-Tamins nach Chur (☐ 941).

Wanderzeit Gut 4 Stunden.

Karten Landeskarte 1:25 000, Blätter 1175 «Vättis» und 1195 «Reichenau».

Gaststätten Eggwald, Überuf (Kunkelspass).

Besonderes Ortsmuseum Vättis, Schloss Reichenau (Privatbesitz, nur auf Anmeldung).

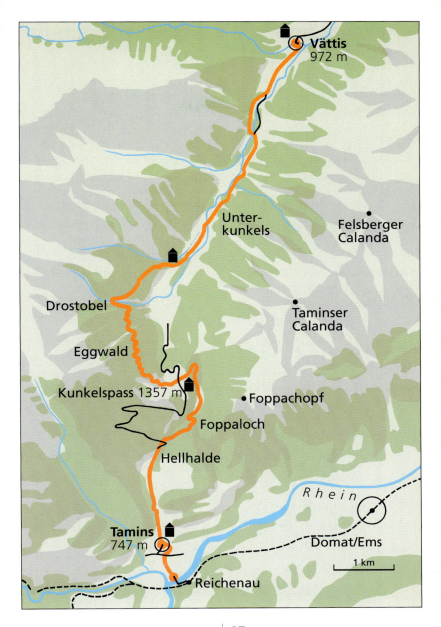

St. Gallens südlichster Zipfel

In elegantem Bogen kurvt das Postauto über den Bahnhofplatz von Bad Ragaz und reiht sich unter die bereits wartenden gelben Riesen. Valens, Vasön, Vadura, Vättis steht auf den roten Tafeln. Oder Gassaura, Ragol, Mapragg. Der Klang der Dorfnamen im Tal, auch das «Guata Morga», mit dem uns der Chauffeur begrüsst, lassen ans Bündnerische, sogar ans Romanische denken. Die gewundene Strasse, die hoch über dem schäumenden Wildwasser der Tamina der steilen Talflanke folgt und uns hinein und hinauf in den engen, von markanten Gebirgsklötzen umstellten Talkessel bringt – auch das erinnert ans Bündnerland. Dennoch befinden wir uns noch immer im Sankt-Gallischen, im südlichsten Zipfel des Kantons zwar, der als spatenförmiger Spickel gegen Graubünden vorstösst, im Süden an die Nordflanke des Vorderrheintals grenzt und im Osten in unmittelbarer Nachbarschaft zur Bündner Herrschaft liegt. Chur ist näher als die eigene Kantonshauptstadt. Im 15. Jahrhundert wurde hier noch Romanisch gesprochen, bis nach dem Grossbrand von Chur 1464 eine Welle von «Fremdarbeitern» aus deutschen Landen einen ersten Germanisierungsschub einleitete.

Nach mehrmaligem Anhalten auf winzigen Postämtern, wo Briefe und Pakete getauscht werden, ist Vättis erreicht, das auf knapp 1000 Meter Höhe zuhinterst im Talkessel liegt, dort wo der Görbsbach sich mit der Tamina vereint. Westlich gehts ins Calfeisental, südlich zum Kunkelspass, den schon die Römer zur Umgehung der sumpfigen, gefährlichen Niederungen des Rheins zwischen Chur und Sargans passierten. Allerdings wohl kaum mit Federbusch und Prunkgewand, wie auf der Hauswand des Gasthauses «Calanda» dargestellt. Zu Beginn des 14. Jahrhunderts sind auch die Walser über diese Route via Surselva ins Taminatal gedrungen und haben es von oben her, wie es ihrer Tradition entspricht, besiedelt und urbar gemacht. Ihre Spuren haben sich weitgehend verloren. Im Calfeisental, am hinteren Ende des

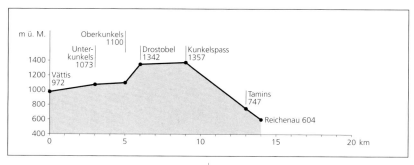

1977 gestauten Gigerwaldsees, zeugen ein paar versprengte Holzhäuser, die sich um das kleine Gotteshaus St. Martin scharen, vom Kulturgut der ehemaligen Siedler. Schliesslich dürfte der Pass auch von den Gotteshausleuten der Benediktinerabtei Pfäfers, heute eine Kurklinik, als Direttissima zu den Glaubensbrüdern in Disentis benutzt worden sein.

Neandertaler, Napoleon und Mountainbiker

Die Besiedlung des idyllischen Tals geht weiter zurück: Bereits Neandertaler, also Menschen, die rund 50 000 Jahre vor unserer Zeitrechnung lebten, sollen nomadisierend durchs Tal gezogen sein. Hoch oben am Hang westlich über dem Dorf befindet sich das 60 Meter tiefe Drachenloch. In dieser höchst gelegenen prähistorischen Fundstätte Europas – auf 2427 Metern – bewiesen Überreste von Knochen und Waffen, dass hier Menschen dem Höhlenbären mit Pfeilen und Keulen auf den Pelz rückten.

Und natürlich sind – wie praktisch über jeden einigermassen valablen Passübergang in der Schweiz – anno 1798 auch napoleonische Truppen von Ragaz über den Kunkelspass nach Tamins gezogen. Bärenfell, Rüstung, Mönchskutte, Hirtenhemd – in diese modisch-historische Abfolge fügen sich die grellbunten Trikots der Mountainbiker, welche den 1357 Meter hohen Übergang zum Schweiss treibenden «Strampelpfad» erkoren haben …

Wir jedoch folgen jenseits der Brücke in aller Gemütlichkeit der Kunkelsstrasse, begleitet vom Rauschen des eisigblauen Görbsbachs. Zusehends zerfranst das Dorf; Gartenzwerge, Petunien und Geranien überlassen das Feld einer überreichen Wiesenflora. Zum Glück kann man die Fahrstrasse, die jedoch nur mit Sondergenehmigung und daher spärlich befahren wird, immer wieder verlassen. Besonders romantische Wegstücke führen direkt dem schäumenden, klaren Wildwasser entlang. Der Duft des Bergheuets mischt sich mit dem harzigen Geruch der grossen Holzstapel, die da und dort am Weg lagern.

Langsam schiebt sich die Sonne über den zackigen Horizont; der Schweiss beginnt zu rinnen. Darum ist nach einer guten Stunde eine erste Rast beim Gasthof «Eggwald» im Kunkelsdörfli angezeigt. Für die legendären Älpermaggronen mit Apfelmus ist es indessen noch zu früh; der hausgemachte Apfelstrudel passt besser als Znüni.

Bündner Gaumengenüsse

Nach den letzten «Gunggels» – so nennen die Taminser ihre Maiensässen – verlassen wir die Naturstrasse. Wir steigen rechter Hand aufwärts, anfänglich etwa parallel zum Rusbach, den wir hinter uns gelassen haben, später schräg zum Hang, bis wir im lichten

Sollte für den grossen Durst reichen: der Brunnen mit den elf Trögen auf der Kunkelspasshöhe, im Hintergrund der Kamm des Säsagit.

Hinteralpwald in spitzem Winkel auf eine Waldstrasse stossen. Diese führt uns, in der schattigen Kühle des Mischwalds praktisch den Höhenlinien folgend, über eine Haarnadelkurve durchs Drostobel und nach einer Dreiviertelstunde zum Sattel des Kunkelspasses. Ein kurzer Abstieg in östlicher Richtung, und schon stehen wir vor dem Berghaus «Überuf». Wir haben die Kantonsgrenze zwar schon unterhalb des Kunkelsdörfli überschritten, doch nun manifestiert sich der Kanton Graubünden unverkennbar: Gerstensuppe, Capuns und Andutgel, ein Disentiser Salsiz, steht in krakeliger Schrift auf der schwarzen Tafel. Auf gut Glück und mit ein paar englischen Brocken kämpft sich ein japanisches Paar durch die Speisekarte. Dem sauren Most trauen die beiden allerdings nicht so ganz und verlangen «mineral without gaz». Da kein solches vorrätig ist, offeriert ihnen die Wirtin «fresch wotr from de mauntens», was bei den fremden Gästen beflissenes Kopfnicken auslöst. Frisches Bergwasser à discretion kann man allerdings auch am grossen Brunnen kosten, dessen elf Tröge, treppenartig angeordnet, die sanfte Neigung der satten Alpweide nachzeichnen: Das kühle Nass in den ausgehöhlten Holzstämmen scheint bei Kindern ebenso beliebt wie bei Kühen, die sich alle einen Deut um die schöne Rundsicht – Calanda, Ringelspitz, Säsagit – kümmern.

Für den Abstieg stehen zwei Routen zur Wahl. Die Fahrstrasse, zwar sonnenexponiert und entsprechend heiss, beschert eine grossartige Aussicht auf die Kiesbänke beim Zusammenfluss von Vorder- und Hinterrhein. Hochdramatisch wird der Tiefblick dort, wo sich die Strasse durch eine Felswand zwängt und den Ausguck nur zeitweilig durch die in den Stein gehauenen Felsenfenster freigibt. Ein zweiter, steilerer Abstieg führt durchs Foppaloch, eine romantische Waldschlucht, und erreicht erst im Talgrund wieder die Strasse nach Tamins, dessen schlanke Kirchturmspitze schon von weitem sichtbar ist.

In Tamins besteigen wir das Postauto, das uns direkt nach Chur bringt. Wer Lust hat, kann auch der Strasse nach Reichenau folgen, die hinunter in den Talgrund führt und über eine Brücke die Station der RhB erreicht. – Unterwegs fällt das dreigeschossige klassizistische Schloss auf, das 1616 an strategischer Stelle am Rheinübergang erbaut wurde. Ende des 18. Jahrhunderts hat hier inkognito der spätere französische Bürgerkönig Louis Philippe auf einer Durchreise genächtigt. Heute ist das Schloss in Privatbesitz und kann nur auf Voranmeldung besichtigt werden.

Ein Naturparadies: die Murgseen

Von Murg über Murgseefurggel und Mürtschenfurggel nach Filzbach

Route

Mornen–Alp Guflen–Unter Murgsee–Ober Murgsee–Murgseefurggel–Ober Mürtschen–Mürtschenfurggel–Hummel– Rosstannen–Talsee–Scheidweg–Chammerboden– Schwändi–Filzbach.

Anreise

Mit den SBB von Zürich–Ziegelbrücke (oder Rapperswil–Ziegelbrücke, ☐ 735) oder von Sargans nach Murg (☐ 900). Von dort mit dem Murgtal-Taxi bis Mornen.

Rückreise

Von Filzbach mit dem Postauto nach Näfels oder Mühlehorn (☐ 736.44). Von dort mit den SBB via Ziegelbrücke (☐ 736 bzw. ☐ 900) nach Zürich oder Sargans.

Wanderzeit

Ca. 5 Stunden.

Variante

Von Ober Mürtschen Abstieg über die Mürtschalp nach Merlen im Murgtal – eine Rundwanderung für Leute, die mit dem Auto angereist sind.

Karten

Landeskarte 1:25 000, Blätter 1134 «Walensee» und 1154 «Spitzmeilen».

Gaststätten

Bergwirtschaft «Fischerhütte» (Übernachtungsmöglichkeiten), Talsee.

Besonderes

Alpines Pflanzenschutzgebiet und Arvenreservat Murgsee.

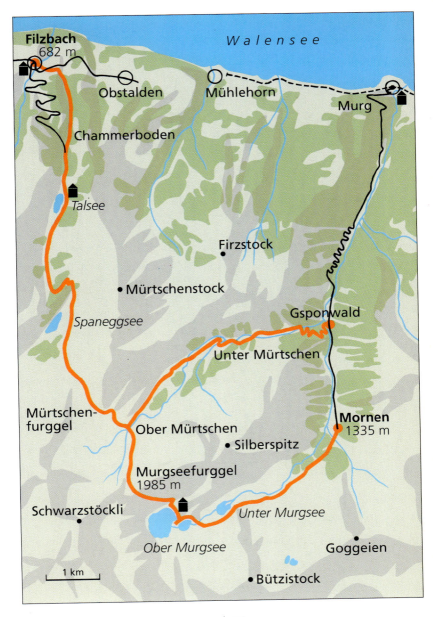

Mildes Klima am Walensee

Das Dorf Murg, wo unsere Tour beginnt, liegt auf einer Halbinsel am Südufer des Walensees und gehört zur politischen Gemeinde Quarten. Quarten wie auch die Orte Prümsch, Segons, Terzen und Quinten verdanken ihre Namen nicht, wie man ursprünglich annahm, der Nummerierung von Stationen an der römischen Heerstrasse. Die lateinischen Ordnungszahlen bezeichneten vielmehr Gehöfte, die dem Kloster Pfäfers gehörten.

Der Reiz des Durchgangskorridors am Walensee, wo sich Kantonsstrasse, Autobahn und Schienenstrang den engen Raum fast streitig machen, liegt zweifellos in der Sicht auf das gegenüberliegende Ufer, wo der Platz noch spärlicher ist und nicht einmal eine Strasse zulässt. Imposant türmt sich da die Felskulisse der Churfirsten himmelwärts. Das ausgesprochen milde Klima verdankt Murg übrigens nicht dem Schmelzofen des Gonzenbergwerks, der bis ins 17. Jahrhundert hier qualmte und glühte, sondern seiner geschützten Lage an dem als Wärmeinsel funktionierenden Walensee. So konnte sich hier ein geschlossener Bestand von rund 400 Edelkastanienbäumen entwickeln.

Wer zählt die Lawinengänge ...

Die erste Etappe unserer Tour legen wir nicht auf Schusters Rappen zurück, sondern wir lassen uns mit dem Murgtal-Taxi bis zum Fahrverbot unterhalb der Alp Mornen hochfahren; ein erschwinglicher Luxus, wenn man sich den Minibus mit weiteren Wanderlustigen teilen kann.

Das Murgtal gilt als eines der schönsten und unberührtesten Flusstäler der Ostschweiz. Auf dem schmalen Talboden windet sich das asphaltierte Alpsträsschen durch sattes Weidland bergwärts. Beide Talflanken sind waldbewachsen. Auffallend aber die zahlreichen Waldrüfen, verursacht durch Lawinen, die ihnen die Namen gegeben haben: Plattenlaui, Chrutlaui, Diezenlaui, Fuchslaui ... Sie und die vielen Verrucanoblöcke, Findlinge aus der

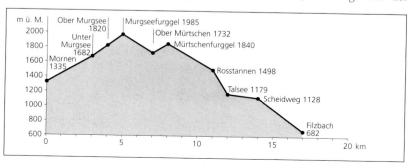

Sprudelnde Bergbäche, grüne Matten, nach Harz duftende Föhrenwälder: Beim Aufstieg zu den Murgseen werden alle Sinne angesprochen.

Eiszeit, geben dem Tal ein urtümliches Gepräge.

Von Mornen steigt der Naturweg steil an, Richtung Goggeien und Rottor, die den Talabschluss bilden. Wir folgen dem Murgbach, der im Talgrund gurgelt, und gelangen bald in den Schwarzton-Wald. Ein letztes Mal erblicken wir im bewaldeten Taleinschnitt das Grün des Walensees. Immer enger und steiler wird das Tal, bis es sich bei der Alp Guflen wieder etwas öffnet.

Naturparadies Murgsee

Ein paar hundert Schritte weiter dann eine grossartige Naturszenerie: Als blanker, tiefgrüner Spiegel liegt der Unter Murgsee vor uns, eingefasst von einem sattgrünen Kranz von Arven und imposanten Felsmauern am Horizont. Schon 1935 haben der Schweizerische Bund für Naturschutz und die St. Galler Naturwissenschaftliche Gesellschaft den Talkessel des untersten Murgsees unter Schutz stellen lassen. In diesem «Alpinen Pflanzenschutzgebiet und Arvenreservat Murgsee» ist das Picknicken verboten und «alles zu unterlassen, was die Erhaltung und Ruhe des schönen Naturparkes beeinträchtigen könnte», mahnt eine Gedenktafel. Das ist wohl doppelt nötig, denn das Gebiet der Murgseen wird immer wieder von Schulklassen für botanische Exkursionen besucht, und auch wir versuchten uns als Mittelschüler mit dem «Binz» bewaffnet im Bestimmen der hiesigen varietätenreichen Schneetälchenflora. Nicht immer mit überzeugendem Erfolg!

In einer halben Stunde steigen wir durch niedriges Nadelgehölz am linken, südlichen Talhang zur nächsten Geländestufe auf, im Ohr das Rauschen des Wasserfalls, der sich zu unserer Rechten über die eindrückliche Felstreppe zum unteren See hinunterstürzt. Die beiden Ober Murgseen liegen knapp über der Waldgrenze und glänzen wie Smaragde im offenen Talkessel, der dominiert wird vom Schwarzstöckli. Beim fischreichen, leicht gestauten obersten See liegt die «Fischerhütte», die auf 1817 m ü. M. zur Mittagsrast einlädt und selbstverständlich Fischgerichte auf der Karte führt. Dem können wir trotz erst knapp zweistündigem Aufstieg nicht widerstehen.

Ob diese idyllische Alp am Murgsee wohl noch immer vom Büscheler heimgesucht wird, der, um die Hirten zu ärgern, das Vieh mit dem Ruf: «Büsch, büsch, büsch» in unwegsames Gelände lockte? Weil dieser Tunichtgut auch sonst nicht gerade ein Gott gefälliges Leben führte, ward er nach seinem Tod dazu verdammt, als Wiedergänger ruhelos über die Triften zu streifen. Um die Alp vor seinen Heimsuchungen zu schützen, erbaten sich die Sennen den Alpsegen, alljährlich abwechselnd vom Murger und vom Quartner Pfarrer, weil die Murgseen beiden damals noch eigenständigen Gemeinden gehörten.

Hochromantische Naturkulisse beim Unter Murgsee.

Diese Sage ist ein Beispiel des beliebten Sündenbockmotivs, mit dem man Missgeschicke aller Art dunklen, unkontrollierbaren Mächten zuschob. So musste der arme Büscheler, der sich nicht wehren konnte, den Kopf herhalten für die Nachlässigkeit der Viehhüter, die, statt des Nachts ihre Herden zu bewachen, über den Widersteinerfurggel nach Engi im Sernftal oder in die Flumserberg zur Stubete ausschwärmten.

Der Traum von Silber und Kupfer
Nach derlei anregenden Gesprächen mit dem «Fischhütte»-Wirt schlagen wir nun die Route Richtung Filzbach ein. An der Flanke des Sunnechamms steigen wir in der Diagonalen bergan, unter uns der Ober Murgsee, auf dessen Fläche das Sonnenlicht silbern tanzt. Bevor wir den Sattel des Murgseefurggels überschreiten und Richtung Ober Mürtschen absteigen, gilt ein letzter Blick zurück den Glarner Alpen jenseits

Als grauer Felskoloss ragt der Mürtschenstock ins Blau; sein Anblick dominiert den Abstieg bis hinunter an den Walensee.

der Widersteiner Furggel. Weggefährte unseres Abstiegs ist der Mürtschbach, der sich durch Riedgras und Moosbänke schlängelt, und vor uns thront der imposante Mürtschenstock.

Am Silberspitz, der südöstlichen Begrenzung des Mürtschen, sollen früher «d Venediger» Silber gefördert haben. Einheimische wollten es ihnen nachtun, hatten aber keinen nennenswerten Erfolg. Dafür fanden sie Kupfer. Der deutsche Emigrant Heinrich Simon – dem Freiheitskämpfer ist oberhalb von Murg ein Denkmal errichtet worden – gründete jedenfalls 1853 eine Gesellschaft zur Ausbeutung des Kupfererzlagers auf Mürtschen. Die Ausbeute blieb ebenfalls bescheiden, und auch Schürfversuche im Ersten Weltkrieg wurden aus dem gleichen Grund bald wieder eingestellt.

Rundwanderung oder nochmals Kraxeln

Wanderer, die ihr Auto im Murgtal geparkt haben, wählen vom Riet bei Ober Mürtschen aus den Weg über die Mürtschenalp und Unter Mürtschen und durch den Gsponwald hinunter nach Merlen und haben damit eine schöne Rundwanderung erlebt. Wir jedoch bewältigen in einem letzten Auf- und Abstieg die Mürtschenfurggel (1840 m ü. M.). Der Abstieg, zum Teil über massive Felsbrocken, durch das einsame und steinige Chüetal hinunter wird schliesslich belohnt durch den Blick durch Tannen hindurch auf den Spaneggsee. Nach Rosstannen gelangen wir auf einem sehr steilen, aber guten Weg in kurzer Zeit 300 Meter tiefer ins Hinter Tal hinunter. Nun geht es fast flach dem Talsee entlang ins Vorder Tal. Beim Scheidweg (Pt. 1128) wandern wir ein kurzes Stück auf der asphaltierten Strasse Richtung Filzbach, verlassen diese aber beim Kuhgatter wieder und stechen durch das Chammerboden-Tobel auf dem steilen Waldweg hinunter nach Filzbach auf der Geländeterrasse des Kerenzerberges.

Terrassenwanderung auf Schönhalden

Von Flums über Schönhalden nach Mels

Route	Flums–Pravizin–Portels–Egg–Sässli–Sässliwiese–Spundeera–Güllen Wiese–Lehnerhütten–Schönhalden–Stutz–Neualp–Schwenditobel–Chapfensee–Güetli–Seezertobel–Rüti–Mels (oder: Chapfensee–Tschess–Vermol).
Anreise	Mit den SBB von Zürich nach Ziegelbrücke und weiter nach Flums (□ 900). Oder von St. Gallen via Sargans nach Flums (□ 880, 900).
Rückreise	Von Mels mit den SBB nach Ziegelbrücke bzw. Sargans (□ 900).
Wanderzeit	Gut 5 Stunden.
Karten	Landeskarte 1:25 000, Blatt 1155 «Sargans».
Gaststätten	Sässliwiese, Schönhalden.
Besonderes	Gondelbahn Flums-Saxli–Schönhalden (Privatbahn des Hotels, nicht im Kursbuch).

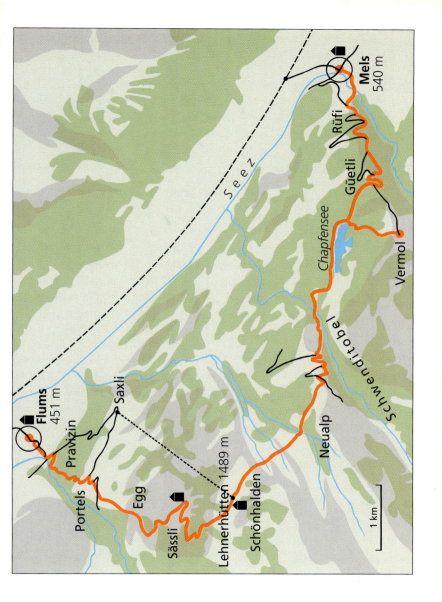

Aufschwung dank Gonzenerz
Ausgangspunkt dieser Höhenwanderung ist das Dorf Flums, dessen einstige Bedeutung eng mit der Verhüttung des am gegenüberliegenden Gonzen geschürften Eisenerzes zusammenhing. Seit 1966 wird da allerdings kein Bergbau mehr betrieben. Bis zu jenem Zeitpunkt wurden rund 3 Millionen Tonnen Eisenerz aus dem Berg gefördert; in Zeiten des intensivsten Abbaus – während des Zweiten Weltkriegs – arbeiteten hier bis zu 400 Kumpel.

Am Bahnhof Flums empfängt uns das Bahnhofrestaurant «Zum ewigä Liechtli», ein bisschen heruntergekommen zwar, aber dennoch ein viel versprechender Auftakt für einen Aufstieg in lichte Höhen. Doch wir lassen es bei der geistigen Aufmunterung bewenden und folgen der Bahnhofstrasse bis hinauf zur Post. Dort weisen uns die gelben Markierungen weiter bergwärts. Wir überqueren den Schilsbach und stehen vor dem Gebäudekomplex, der das Dorf dominiert. Er fällt durch eine ungewöhnliche Architektur auf und ist der Sitz des privatwirtschaftlich betriebenen Elektrizitätswerks und der Baumwollspinnerei Spoerry. Direkt hinter dem mächtigen Bau stechen wir in den Mischwald hinein. Wir lassen uns jedoch nicht vom Wegweiser verführen, der uns auf kürzestem Weg zum Chapfensee leiten würde, sondern wählen den Aufstieg über Portels. Zweimal überqueren wir den Druckstollen und erreichen die Häusergruppe von Pravizin, die sich in einem rechteckigen Staubecken spiegelt.

Spuren des Rätoromanischen
Trotz der reifen Brombeeren am Wegrand gewinnen wir stetig an Höhe und gelangen über Bünt zum Weiler Portels, der auf der breiten Terrasse des Kleinbergs liegt und dessen hübsche Kapelle mit dem Zwiebeltürmchen zwischen den Obstbäumen leuchtet. Nach einem kurzen Abschnitt auf der Dorfstrasse folgen wir wiederum dem steilen Pfad. Beim Blick auf die Wanderkarte springen uns Flurnamen wie Margess, Valtius, Valdatsch oder Foppa ins Auge; sie

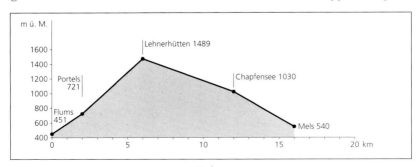

Zwischen Obstbäumen grüsst das Zwiebeltürmchen der schmucken Kapelle von Portels.

erinnern daran, dass in diesem Gebiet bis ins 15. Jahrhundert Rätoromanisch gesprochen wurde. Bis ums Jahr 1000 reichte das Rätoromanische als besondere Ausprägung des Vulgärlateins sogar bis nach Glarus.

Im Wechsel von asphaltierter, aber kaum befahrener Bergstrasse mit gut markierten Abkürzungen über Alpweiden erreichen wir alsbald den romantischen Berggasthof «Sässliwiese», dessen Wirtin offensichtlich ihren ganzen Ehrgeiz in den überquellenden Blumenschmuck investiert.

Nach einer kurzen Rast und einem kühlen Trunk nehmen wir den Weg erneut unter die Füsse und steigen über die Alpweiden von Spundeera (wieder ein romanischer Name!), auf denen eben das Emd eingebracht wird, in der Falllinie bergwärts. Bald empfängt uns der Wald, wohltuend kühl, denn die Strahlen der Herbstsonne machen uns langsam heiss. Bei den Lehnerhütten gelangen wir nochmals auf das Fahrsträsschen, das uns zum Kur- und Berghaus «Schönhalden» führt. Das beliebte Familienhotel ist auch mit der etwas altertümlichen, hoteleigenen Gondelbahn von Flums-Saxli aus erreichbar.

Eine unverwechselbare Bergkulisse: Über dem Talgrund der Seez türmen sich die majestätischen Churfirsten.

Es macht seinem Namen alle Ehre, thront es doch auf 1484 m ü. M. am sonnigen Hang und bietet einen überwältigenden Panoramablick auf die zum Greifen nahen Churfirsten, die alle über 2200 Meter hoch sind. Zur Erinnerung seien hier wieder einmal deren spassige Namen aufgezählt (von Westen nach Osten): Selun, Frümsel, Brisi, Zuestollen, Schibenstoll, Hinterrugg, Chäserrugg. Die magische Siebenzahl und der Name der ganzen Kette erinnern an die sieben Kurfürsten, jene geistlichen und weltlichen Herren, drei Bischöfe und vier Könige, welche im Mittelalter die Wahl des deutsch-römischen Kaisers vornahmen. – Ob die wunderlichen Namen auch auf die helvetische Landesregierung gemünzt sein könnten? Doch lassen wir das, und vervollständigen wir das Panorama im Osten mit Fulfirst, Alvier und Gonzen. Dieweil wir uns mit den Gipfeln im Blickfeld beschäftigen, scheren sich die lieben Kleinen einen Deut um die Aussicht; ihr Interesse gilt vielmehr dem Spielplatz mit Kletterturm, Sandkasten, Schaukel und Planschbecken.

Idyllischer Chapfensee
Nach einem währschaften Imbiss auf der einladenden Sonnenterrasse geht es nun an den Abstieg. Über Matten führt der leicht abschüssige Weg, praktisch

der Höhenkurve der Bergflanke folgend, gegen Osten. Wir überqueren einige Rinnsale und gelangen über die Alp Stutz und die Neualp ins Einzugsgebiet des Cholschlagerbachs. Begleitet von seinem Rauschen und Plätschern schreiten wir talwärts und beschleunigen dabei mit dem Wasser auch unsere Schritte, bis wir zwischen den Stämmen des Chapfenberger Waldes den Seespiegel blinken sehen: Der Chapfensee wirkt wie ein idyllischer Waldsee, obwohl es sich um ein Staugewässer handelt, dessen Wasser in einem Druckstollen hinunter nach Plons geleitet wird. In der Gegend des Sees wächst manch seltenes Kraut. Deshalb wurde das ganze Einzugsgebiet unter Naturschutz gestellt und konnte seinen intakten Zustand trotz regen Ausflugsverkehrs bewahren.

Rund um den See zieht sich ein Wanderweg; wir wählen die südliche Route, die durch ein Hochmoor führt. Am östlichen See-Ende steigen wir dann durch das waldige, lauschige Seeztobel hinunter nach Mels. An Sonntagen kann man auch am Tschess-Chopf vorbei nach Vermol hinauf wandern und dort das Postauto besteigen, das einen ebenfalls nach Mels oder Sargans zurückbringt (□ 900.52).

Trotz regen Ausflugsverkehrs ist der idyllische Chapfensee ein intaktes Naturschutzgebiet geblieben.

Gratwanderung am Schnebelhorn

Von Mosnang übers Schnebelhorn nach Steg im Tösstal

Route

Mosnang–Bodenwald–Schlosshöchi–Vorder Rachlis–Hinter Rachlis–Laubberg–(Meiersalp)–Schnebelhorn–Tierhag–Stralegg–Tösstal (Chleger)–Orüti–Steg.

Anreise

Mit den SBB von Zürich nach Wil (☐ 850) und weiter nach Bütschwil (☐ 853). Von dort mit dem Postauto nach Mosnang (☐ 853.30).

Rückreise

Von Steg mit den SBB nach Winterthur oder Rapperswil (☐ 754).

Wanderzeit

Knapp 5 Stunden.

Karten

Landeskarte 1:25 000, Blatt 1093 «Hörnli».

Gaststätten

Meiersalp, Alp Tierhag.

Besonderes

Reiche Flora (Orchideen, Türkenbund, Akelei), grossartige Rundsicht.

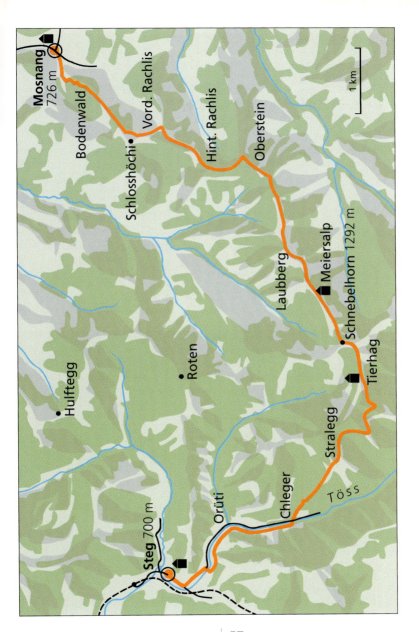

Zürichs höchster Gipfel

Zugegeben, sein Name mag etwas hochtrabend tönen. Aber immerhin ist das Schnebelhorn, so lernen es die Zürcher Schulkinder, mit seinen 1292,7 Metern die höchste Erhebung des Kantons. Allerdings verläuft die blau-weisse bzw. die grün-weisse Kantonsgrenze genau über den Gipfel, sodass die Zürcher ihre Top-Bergspitze mit den St. Gallern teilen müssen. Diese haben auf ihrem Hoheitsgebiet natürlich noch ganz andere Höhepunkte zu bieten, werden also für den zürcherischen «Höhenwahn» nur ein müdes Lächeln übrig haben. Und überhaupt, wer wollte sich angesichts eines Europas, das immer näher zusammenrückt, mit dergleichen grenzgängerischen Lappalien befassen, zumal die Aussicht nach hüben und drüben eine überwältigende ist.

Zuvor aber gilt es, einen Aufstieg zu bewältigen, der die knapp 567 Meter Höhendifferenz jedoch ganz gemächlich auf eine Strecke von acht Kilometern verteilt. Zudem liegt das steilste Wegstück gleich zu Beginn der Route, wenn wir Mosnang als Ausgangspunkt wählen.

Schmuckes Toggenburg

Von Bütschwil im Talgrund der Thur bringt uns das Postauto hinauf in das herausgeputzte Toggenburger Dorf Mosnang, wo es offensichtlich jede Bewohnerin als Ehrensache betrachtet, die Nachbarin punkto Blumenschmuck auf dem Fensterbrett und im Vorgarten zu überbieten. Auch die hübsche Barockkirche mit dem Zwiebelturm und dem akkuraten, von einer weissen Mauer eingefassten Friedhof strahlt behäbige Rechtschaffenheit aus.

Vom Kirchplatz aus folgen wir dem gut beschilderten Weg, der uns in südwestlicher Richtung auf eine kleine Anhöhe mit einem Feierabend-Bänklein führt, von wo aus man das Dorf überblickt. An einem Wasserreservoir vorbei gelangen wir alsbald in den lockeren Mischwald und achten bei der nächsten Gabelung darauf, dass wir den schmäleren, linken Pfad wählen. Dieser bringt uns, über eine Geländeflanke an-

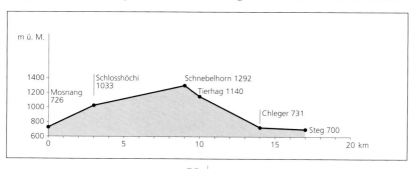

Morgenstimmung auf den grünen Hügeln ausserhalb des schmucken Toggenburger Dorfs Mosnang.

Ein dunkler Föhrenhain – ein unerwarteter Anblick in dieser sattgrünen Voralpenlandschaft.

steigend, auf gerader Linie zur Schlosshöchi. Wir passieren das Gehöft Vorder Rachlis und folgen weiter dem Waldrand. Rechter Hand fällt uns eine markante, von einer dunklen Föhrengruppe bestandene Kuppe auf, die im satten, hellgrünen Umfeld wie ein geheimnisvoller, antiker heiliger Hain wirkt. Der weihevolle Eindruck wird indes von einem blonden Schlingel zunichte gemacht, der, auf seinen Heurechen gestützt, seiner Schwester zuruft: «Bringsch öppis z Suufe mit!» Nicht gerade ein Alpsegen oder eine sakrale Anrufung, doch angesichts der Sonne, die bereits erbarmungslos niederbrennt, durchaus verständlich … In wenigen Schritten ist der Hof Vorder Rachlis erreicht, wo der Bub offensichtlich zu Hause ist. Fürwahr, eine recht abgelegene Wohnlage, dafür mit einem grossartigen Fernblick auf das Alpsteingebiet ausgestattet, wo der Säntis mit seinem weithin sichtbaren Sendeturm als Referenzpunkt dient.

Zwischen Thur und Töss

Um die Fahrstrasse zu meiden, umgehen wir eine weitere Hügelkuppe und werden für den kleinen Umweg durch zahlreiche Himbeersträucher belohnt, die ihre schwer behangenen Zweige dem Wanderer darbieten. Beim Hof Hinter Rachlis verlassen wir die Strasse erneut und dringen in den lichten Wald ein. In westlicher Richtung wandern wir nun über den Grat des Laubbergs, der uns in sanftem Auf und Ab direkt zum Gipfel des Schnebelhorns bringt, falls wir der Beschilderung widerstehen können, die auf den wenig unterhalb der Krete liegenden Berggasthof «Meiersalp» hinweist. Doch auch die weniger Standhaften dürften den Gipfel über den kleinen Umweg erreichen …

Immer wieder halten wir auf unserem Weg inne, um die überwältigende Rundsicht zu geniessen. Gegen Norden verliert sich der Blick im blauen Dunst über dem Thurgau und dem Zürcher Unterland. Im Südosten begrenzen die Zacken der Churfisten den Horizont, und ganz im Süden erkennt man die Glarner Alpen. Im Osten türmt sich jenseits des Toggenburgs das Säntismassiv auf, während man im Westen im flirrenden Blau die Weite des Zürichsees und dahinter das Zugerland ahnt.

Imbiss bei Herdengeläut

Nach einer ausgiebigen Rast machen wir uns an den Abstieg Richtung Tösstal. Unter den verschiedenen Routen wählen wir die Direttissima, die uns über die Westflanke des Schnebelhorns zur Alp Tierhag mit dem gleichnamigen Gasthof führt. Hier leisten wir uns die Einkehr. An langen Gartentischen und zur Begleitmusik des gleichförmigen Herdengeläuts schmecken Most und Eingeklemmtes vorzüglich. Nach der Stärkung folgen wir zuerst ein Stück weit der Naturstrasse durch den Wald, dann erreichen wir die Häusergruppe

Der Blick über das Zürichbiet verliert sich in einer unendlichen blauen Ferne.

Hinter Stralegg und nach einer knappen Viertelstunde den Weiler Stralegg selbst. Elf Kinder sind es zurzeit, die in diesem abgelegenen Schulhaus die Primarschule besuchen.

Kurz nach dem Schulhaus verlassen wir die Fahrstrasse und folgen dem Fussweg, der vorerst über Wiesland, später dann durch den Wald steil abwärts führt. Bald schon ist der Talgrund erreicht, wo sich die Fahrstrasse und die Töss im engen Tobel den Platz streitig machen. Ein Trampelpfad folgt unmittelbar dem steinigen Flussbett, und das dichte Laubdach filtert angenehm das Sonnenlicht und lässt nur ab und zu ein paar helle Strahlen in den Wasserschnellen aufblitzen.

Bei Orüti weitet sich das Tal. Flurnamen wie Schwand, Schwendi und Rüti, die man im Tösstal allenthalben antrifft, deuten auf die alamannische Urbarmachung durch Brandrodung hin. Auch der Name Bleichi, wie eine der Matten heisst, hat Geschichte: An solchen Hängen wurden die Leinenstücke, die ursprünglich in Heimarbeit, später in den Textilfabriken dieser an Wasserkraft reichen Gegend gewoben wurden, zum Bleichen an der Sonne ausgebreitet. Bis Breitenmatt besteht ein Wanderweg, die restliche Strecke bis zum Bahnhof Steg muss man auf der asphaltierten Strasse zurücklegen.

Ein Friedenstempel überm See: das Paxmal

Von Quinten zur Sälser Alp und zum Walenstadtberg

Route

Quinten–Dicken–Stösswald–Laubegg–Stäfeli–Hag–Gäsi–Sälser Hütte–Sälser Schwamm–Schwaldis–Schrina–Hochrugg–Paxmal–Schönegg–Knoblisbüel/Walenstadtberg.

Anreise

Mit den SBB von Zürich nach Ziegelbrücke und weiter nach Murg (□ 900). Oder von St. Gallen via Sargans nach Murg (□ 880, 900). Von Murg mit dem Schiff nach Quinten (□ 3901).

Rückreise

Von Knoblisbüel (Höhenklinik) mit dem Postauto nach Walenstadt (□ 900.35) und von dort mit den SBB nach Ziegelbrücke bzw. Sargans (□ 900).

Wanderzeit

Ca. 4½ Stunden.

Karten

Landeskarte 1:25 000, Blatt 1134 «Walensee».

Gaststätten

Schrina-Hochrugg.

Besonderes

Friedenstempel Paxmal von Karl Bickel.

Dorf ohne Strasse und Bahn

Weder Strasse noch Bahn erschliessen das Sonnenufer des Walensees, stattdessen bringt uns das morgendliche Kursschiff «Linth» gemächlich von Murg über den See: ein wahrhaft stimmungsvoller Auftakt zu unserer Wanderung. Über der funkelnden Wasserfläche staffeln sich die Bergsilhouetten in verblassenden Blautönen. Nach einer knappen Viertelstunde legen wir in Quinten an, das – in unserer «automobilen» Zeit geradezu ein Anachronismus – laut Prospekt das einzige Schweizer Dorf ist, das nur per Schiff oder zu Fuss erreichbar ist.

Hier steht uns, wie schon bei der Überfahrt zu ahnen war, ein steiler Aufstieg bevor. Ein Kaffee und ein Nussgipfel unter dem Laubdach der ausladenden Ahornbäume auf der Seeterrasse scheint uns deshalb angebracht. Auch der hübschen Bernhardskapelle mit dem Zwiebelturm statten wir einen Besuch ab. Dann aber lässt sichs nicht mehr weiter aufschieben: Steil geht es jetzt bergauf. Vorerst mitten durch das Dorf, vorbei an prächtigen Gärten, entlang den Rebbergen, die im Touristikprospekt ebenfalls mit Stolz vermerkt werden. In der Tat geniesst Quinten ein überaus mildes Klima, das sogar Feigen und Edelkastanien reifen lässt. Das glauben wir sofort, denn die Sonne, die sich jetzt über den Bergkranz schiebt, heizt uns schon tüchtig ein. Zum Glück spendet ein lockerer Mischwald angenehmen Schatten, doch immer wieder zeigen sich zwischen den Ästen der gleissende See und das gegenüberliegende Ufer.

Steiler Aufstieg, grossartiger Tiefblick

Wenig ausserhalb des Dorfes folgen wir dem Wegweiser Laubegg. In einer weit ausladenden Schlaufe gegen Westen führt der gut markierte Pfad um das unwegsame Bachtobel und das breite Felsband, das die höher liegende Sonnenterrasse der Sälser Alpen trägt. Beim Punkt 933 wählen wir die Abzweigung nach rechts zum Stösswald. Ab und zu entdecken wir auf dem dunklen Wald-

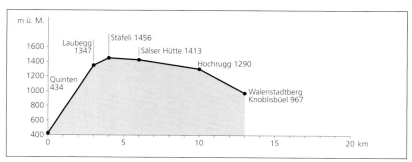

Kein Verkehr und viel Sonne machen Quinten am Nordufer des Walensees zu einem privilegierten Ort.

boden die lila Blüten des Alpenveilchens, das mit botanischem Name Zyklame heisst. Nach zwanzig Minuten erreichen wir die Bergstation jener Materialbahn, deren Drahtseil wir bereits kurz nach Quinten sehnsüchtige Blicke nachgeschickt haben. Ein paar Stadel markieren das Ende des Waldes: Laubegg – Ecke des Laubwaldes –, der Name leuchtet ein. Von hier geniesst man eine überwältigende Sicht auf den fast 100 Meter tiefer liegenden See und die gegenüberliegenden Flumser Berge. Im Rücken dagegen türmen sich zum Greifen nah die schartigen Zacken der Churfirsten. Leider treffen wir bei der Laubegghütte auf verrammelte Türen. Die mitgebrachte Feldflasche ist uns daher doppelt willkommen, und das Picknick mundet vorzüglich.

Frisch gestärkt, schaffen wir spielend den kurzen Anstieg zum Stäfeli. Immer wieder öffnen sich neue und faszinierende Ausblicke auf schroffe Felswände: eine Landschaft von urtümlichem Reiz. In grossen Biegungen folgt der Weg den natürlichen Geländeformationen, besonders eindrücklich am Sälser Schwamm, einem gigantischen Naturtrichter. Wollgras und andere Feuchtpflanzen weisen auf den nassen Untergrund hin. Bei der Alp Schwaldis begrüsst uns ein wedelnder Barri. Ein tief heruntergezogenes Walmdach, Geranien am Fenster, ein steinerner Brunnentrog und ein Schild an der Hauswand: «Käse, Milch, Butter». Doch der Senn fährt eben auf seinem Traktor von dannen, und wir schlucken leer. Trotzdem: Man würde schwören, hier riecht die Milch noch nach Kuh und der Käse nach Alp!

Wags mal zum Paxmal

Der Naturstrasse folgend, erreichen wir in einer guten halben Stunde über die Alp Schrina die Häusergruppe von Hochrugg, wo sich eine Militärunterkunft befindet – auch hier, in der Nachbarschaft der Friedensstätte, bewahrt die Welt offensichtlich ihre Widersprüchlichkeit. Ein pausierender WK-Soldat, das Gewehr neben sich im Gras, weist grinsend bergwärts, als wir uns nach dem Paxmal erkundigen. Und wirklich, nach einer leichten Gegensteigung erblicken wir zehn Minuten später hinter einer Hügelkuppe unser Ziel.

Zuerst fällt uns ein schlichter Baukubus auf, der die Strenge und Nüchternheit des neuen Bauens reflektiert. Es ist das einstige Wohnhaus und Atelier des Grafikers und Malers Karl Bickel (1896–1982), der nach einem längeren Kuraufenthalt im wenig unterhalb gelegenen Sanatorium von einem Lungenleiden genas und sich dann endgültig in die Stille dieser Bergwelt zurückzog. Neben einigen zu Klassikern gewordenen Plakaten – etwa für Cailler-Schokolade, das St. Moritzer Heilbad oder das Klausenrennen – schuf der gelernte Lithograf eine Vielzahl von Stahlstichen für Briefmarken: fein ziselierte Miniaturkunstwerke, die wohl jeder Philatelist kennt. So etwa die Porträtmarken der Pro Juventute oder die 1949 herausgegebene Zwölferserie zum Thema Technik und Landschaft, deren damals gängigster Wert, die Zwanzigrappen-Marke, die Grimsel-Staumauer zeigte.

Nach ein paar Schritten betreten wir den monumentalen Friedenstempel, den Bickel in den Jahren 1924 bis 1949 praktisch im Alleingang nach eigenen Entwürfen als Gesamtkunstwerk in diese eindrückliche Naturkulisse hineinkomponiert hat: Im Hintergrund beschirmen die senkrecht aufsteigenden Felshänge der Churfirsten die Anlage; gegen Süden öffnet sich der strenge, sechssäulige Portikus, der sich im vorgelagerten rechteckigen Wasserbecken spiegelt, gegen das Seetal und den Wa-

Karl Bickels strenges Paxmal setzt einen eigentümlichen Akzent in die schroffe Bergwelt der Churfirsten.

lensee in der Tiefe. Die neoklassische Kolossalarchitektur der Anlage und die grossflächigen Mosaike aus hiesigen Gesteinen stellen die Menschheit auf ihrem schöpferischen Lebensweg dar. Der monumentale Bildzyklus gliedert sich in zwei Themenstränge, die der psychischen und der physischen Entwicklung des «umfassenden schaffenden und guten Menschen» gewidmet sind. Obwohl uns manches etwas pathetisch anmutet, können wir uns der Gesamtwirkung von Landschaft, Himmel und Architektur schwer entziehen; die eindrücklichen Bilder begleiten uns denn auch auf dem kurzen Abstieg.

Bei Schönegg verlassen wir die schmale Fahrstrasse rechter Hand und gelangen auf einer Abkürzung zur Höhenklinik Knoblisbüel, von wo uns ein Postauto zur SBB-Station Walenstadt bringt.

Eine Lanze für den Speer

Von Amden über den Speer ins Toggenburg

Route
Amden/Niederschlag (Bergstation Sessellift Mattstock)–Hinter Höhi–Oberchäseren–Stelli–Speer–Stelli–Hengst–Stafel–Bürzlen–Nesslau-Neu St. Johann.

Anreise
Mit den SBB von Zürich (□ 900) oder Rapperswil (□ 735) nach Ziegelbrücke und von dort mit dem Bus nach Amden (□ 900.20). Mit der Sesselbahn nach Niederschlag (□ 2780).

Rückreise
Von Nesslau-Neu St. Johann mit der Bodensee-Toggenburg-Bahn BT nach Wattwil–Wil (□ 853). Im Wattwil Anschlüsse nach St. Gallen bzw. Rapperswil (□ 870), in Wil SBB nach Zürich bzw. St. Gallen (□ 850).

Wanderzeit
Ca. 6¼ Stunden, ohne Aufstieg auf den Speer 1 Stunde weniger.

Karten
Landeskarte 1:25 000 Blätter 1134 «Walensee» und 1114 «Nesslau».

Gaststätten
Bergstation Sessellift Mattstock, Oberchäseren, Alp Hengst.

Besonderes
Rundsicht vom Speer, charakteristische Gesteinsformationen im Speergebiet, Klosterkirche Neu St. Johann.

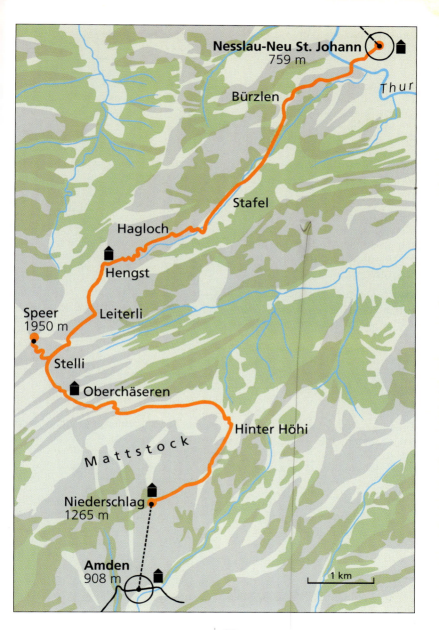

«Aufstieg» per Sesselbahn

Ausgangspunkt unserer Wanderung ist Amden oberhalb des Walensees. Wir vereinfachen uns den Aufstieg, indem wir uns im Sessellift an den Fuss des Mattstocks tragen lassen. Über Gras- und Weidland schweben wir gemächlich der Bergstation zu. Eindrücklich die zahlreichen Ökonomiegebäude, die alle identisch zu sein scheinen: eine Art kleine Scheune, unten der Stall mit westwärts angebautem Boden für den Miststock. Ob wohl die putzigen Gebäude aus gebleichtem Holz alle noch landwirtschaftlich genutzt werden?

An der Bergstation beginnt der Fussmarsch – allerdings nicht ohne einen letzten Blick auf den Mürtschenstock auf der Glarner Seite des Walensees, der zum Greifen nah scheint: eine imposante Erhebung, ohne Zweifel.

Wandern und kneippen

Zu unserem ersten Zwischenziel Hinter Höhi wandern wir mal auf einer Naturstrasse, dann durch Grasland, dann auf der asphaltierten Alpstrasse. Bald nach Strichboden entdecken wir am linken Strassenrand die erste von zwei Kneippanlagen; die zweite, die auch dem Kühlen der Milchgefässe zu dienen scheint, steht kurz vor Hinter Höhi ebenfalls am linken Strassenrand. Die Anlagen wurden auf Anregung des Schweizerischen Kneippverbandes eingerichtet und sind mit detaillierter Anleitung versehen. Wir sind aber noch nicht so arg ins Schwitzen geraten, dass wir das Angebot zum Wassertreten annehmen müssten. Aber ein Schluck und die Arme ins kühlende Nass, warum denn nicht? Das sei gut für den Kreislauf, heisst es auf der Informationstafel.

Bei Hinter Höhi lassen wir nun endgültig den letzten Asphaltbelag hinter uns. Wir wenden uns nach links, Richtung Speer, und umrunden den Mattstock, der sich uns von dieser Seite fast noch hochfahrender zeigt als vom Sessellift aus, während sich rechts der Blick zum Thurtal weitet und uns immer mehr vom eindrücklichen Alpsteinmassiv offenbart.

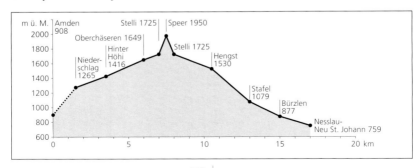

Bei Punkt 1142 zweigt unsere Route links von der Naturstrasse ab, um nach kurzer Zeit die Vordermatt zu erreichen. Von dort steigen wir hoch zur Oberchäseren, wo sich die Speerkette mit den eindrücklichen, wie Speerschäfte schräg nach oben weisenden Felsbändern unmittelbar vor uns auftürmt.

Auf Oberchäseren suhlen sich ein paar Schweine wohlig im Dreck und grunzen uns freundlich zu. Der Appenzeller Sennenhund mit dem bunten Halstüchlein nimmt uns in Empfang und führt uns am Miststock vorbei auf die Sonnenterrasse. Unverzüglich meldet er der Wirtin unsere Ankunft. Un-

Alp Oberchäseren: Zu wenig Wasser, um Käse zu machen, dafür schmeckt die Butter umso süsser.

serem Wunsch nach einem grossen Glas frischer Milch wird entsprochen.

Vom auskunftswilligen Sennen erfahren wir, dass auf Oberchäseren trotz des eindeutigen Namens wohl gar nie Käse produziert wurde. Zwei Gründe lassen dies als plausibel erscheinen: Einmal gibt es hier oben fast kein Wasser – und solches braucht es zum Käsen ja in grossen Mengen. Zum anderen gibt es seit jeher einen Schneekeller zur Kühlung des «Nidels» bzw. Rahms. Die Butter, die hier gemacht wird, wird allerdings nicht mehr mit dem Pferd nach Weesen hinuntergebracht wie früher, sondern mit dem Helikopter, der einmal wöchentlich Lebensmittel und andere Dinge heraufbringt, talwärts geflogen. Die Alp wird von Juni bis September bestossen, die Bergwirtschaft bleibt aber noch einige Wochen länger offen.

Rundsicht pur

Beim Weitermarsch über den Flügenspitz Richtung Stelli eröffnet sich uns südwärts der Blick gegen die Linthebene und geradewegs ins Glarnerland hinein. Von Stelli aus nehmen wir auf steilem, steinigen Weg den Speer in Angriff. Wir haben nun ziemlich genau die Hälfte unserer Wanderzeit absolviert und belohnen uns auf dem Gipfel mit einem ausgiebigen Mittagessen aus dem Rucksack. Der Rundblick – den wir mit anderen Berggängerinnen und Berggängern teilen – ist herrlich: Der Alpstein und die ganze Ost- und Innerschweizer Alpenwelt präsentieren sich uns im gleissenden Sonnenlicht, und gegen Westen glänzen Ober- und Zürichsee in der Ferne.

Der Abstieg bis Stelli erfolgt auf dem gleichen Weg, den wir emporgeklommen sind. Von Stelli geht es auf markiertem Weg weiter talwärts, zuerst der Speerflanke entlang, dann unterhalb der Schwarzi Chöpf. Bald nach dem Leiterli zeigt sich uns der Speer erneut, diesmal mit seiner markanten Faltung an der westlichen Flanke.

Kurz vor Bütz folgen wir dem Wegweiser rechts zur Alp Hengst, wo wir uns nochmals ein Glas Milch schmecken lassen, und von dort wandern wir geradeaus weiter ins Ijental hinunter. Der markierte Weg führt uns abwechslungsweise über Grasland und Natursträsschen.

Stille begleitet uns, dann ein paar Kuhglocken, Grillengezirpe, Vogelschreie. Kurz nach dem Weiher folgen wir dem Wegweiser nach Bürzlen. Ein kühles Tobel empfängt uns, und bald überqueren wir den Ijentaler Bach und steigen, manchmal recht steil, den Wald hinunter. In Unter Bürzlen überqueren wir die Asphaltstrasse und halten uns rechts. Der markierte Weg führt uns hinunter zur Thur, die wir auf der Brücke überqueren. Unmittelbar jenseits weist uns der Wegweiser über die Lauterenbrücke zum Bahnhof Nesslau-Neu St. Johann.

Wie überdimensionierte Speerschäfte bündeln sich die markanten Geländerippen des Speermassivs.

Toggenburger Aussichtskanzel: der Stockberg

Vom Luterental über den Stockberg nach Nesslau

Route — Bernhalden–Lutertannen–Riet–Tolen–Risipass–Stockberg–Stockneregg–Amsler–Nesslau-Neu St. Johann.

Anreise — Mit den SBB von Zürich via Wil (☐ 850) oder mit der Bodensee-Toggenburg-Bahn BT von St. Gallen bzw. Rapperswil via Wattwil (☐ 870) nach Nesslau-Neu St. Johann (☐ 853). Von dort Postauto Richtung Schwägalp bis Bernhalden/Lutertannen (☐ 853.70).

Rückreise — Von Nesslau, siehe Anreise.

Wanderzeit — ca. 4½ Stunden.

Karten — Landeskarte 1:25 000, Blatt 1114 «Nesslau».

Besonderes — Geologie am Stockberg, ehemalige Benediktiner Abtei Neu St. Johann.

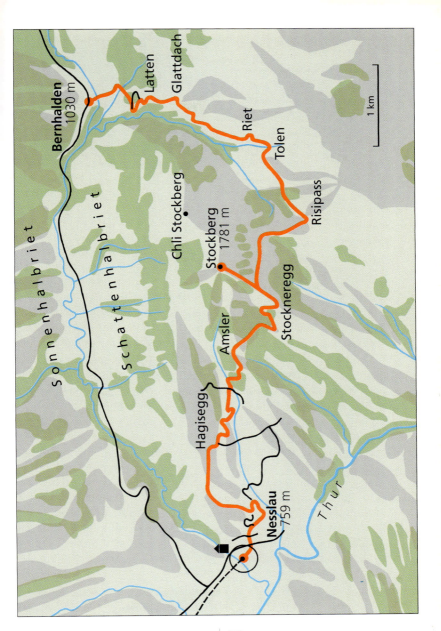

Interessante Geologie

Als imposanter Klotz dominiert der Stockberg die östliche Talflanke des breiten Trogtals des Toggenburgs ob Nesslau. Ein blosser Sonntagsspaziergang dürfte der Aufstieg nicht werden: Das wird immer deutlicher auf der Fahrt im Postauto das Luterental hinauf, ein Seitental, das bei Neu St. Johann ins Thurtal mündet. In der Gegend von Sonnenhalbriet/Schattenhalbriet zeigt sich der Stockberg von seiner unnahbaren, schroffen Seite. Dieses Gebiet hinter Ennetbühl ist mit vielen dunklen Gesteinsbrocken, die von einem Bergsturz herrühren, angefüllt. Die Gesteinsmassen haben die Luteren gestaut, bis im heutigen Riet ein See entstand. Das Wasser spülte jedoch den feinen Schutt weg; den See gibts längst nicht mehr, nur die unheimlichen Felsblöcke lagern noch wie Urweltstiere auf dem Rasen.

Auf der Nordansicht des Stockbergs können wir die typische Geologie dieser markanten Erhebung studieren, wie sie uns der Fachmann erklärt: Der Schutt, der vom Ur-Rhein aus den sich formierenden Alpen herausgeschwemmt worden war, lagerte sich im Alpenvorland als Molasse, ein Konglomerat aus Nagelfluh, Sandstein und Mergel, ab. Als später Kalksteinschichten gegen diese Molasse geschoben wurden, zerbrach diese in riesige Platten, die dabei schräg gestellt wurden. Gegen diese Platten brandeten die weicheren Kalkschichten, die sich verfalteten und gegenseitig überlagerten. An der Stockberg-Nordwand sind die mächtigen Nagelfluhplatten als Resultat dieses geologischen Prozesses besonders deutlich sichtbar.

In Bernhalden verlassen wir das Postauto, und nach gebührender Würdigung des vor uns liegenden Alpsteinmassivs wandern wir auf dem asphaltierten Alpweg durch fruchtbares, von stattlichen Tannen bestandenes Weidland gemächlich Richtung Risipass und Stockberg. Über Lutertannen – der Name ist ganz augenfällig gut gewählt –, Latten und Glattdach erreichen wir, inzwischen längst auf einem Na-

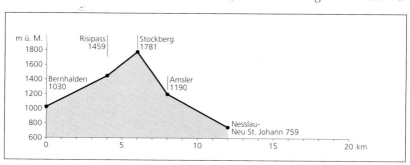

Die breite Talmulde von Bernhalden mit ihren lichten Tannenbeständen erinnert an eine weitläufige Parklandschaft.

tursträsschen fürbass schreitend, Riet. Dort wählen wir den Pfad links nach Alp Tolen, der bald zum Grasweg wird. Zu unserer Rechten erheben sich der Chli Stockberg und der kaum 200 Meter höhere Stockberg.

Belebter Risipass

Die Wegmarkierung ist nicht immer sehr deutlich, aber wenn wir die Richtung einhalten, erblicken wir bald ein Mäuerchen, das wir dank einer bequemen Holzleiter ohne akrobatische Einlage überwinden. Auf der anderen Seite empfängt uns kühlender Schatten. Der Grund unter unseren Füssen kommt immer mehr ins Federn, und bald befinden wir uns inmitten eines schönen Hochmoors. Pfeifengras und die weissen Haarbüschel des Wollgrases weisen ebenfalls auf den feuchten Untergrund hin. Baumstämme und kunstvoll angelegte Prügelpfade und Stege sorgen dafür, dass wir das Moor trockenen Fusses hinaufsteigen können und nirgendwo Schaden anrichten. Denn Moorlandschaften mit ihrer spezialisierten Fauna und Flora gehören zu den am meisten gefährdeten Lebensräumen der Schweiz.

Nach gut anderthalb Stunden erreichen wir den Risipass (1459 m ü. M.), der an schönen Sommertagen ein beliebtes Ausflugsziel ist: Wanderer und Mountainbiker machen sich die schönsten Aussichtsplätze streitig, und etwas weiter unten hat sich eine bunte Menschenschar zu einem Berggottesdienst versammelt, der von Alphornklängen, Gitarrentönen und Gesang umrahmt wird. Nebenan brutzeln bereits die Würste auf einem mitgebrachten Grill, denn bekanntlich lebt der Mensch nicht vom Wort allein. Ob all dieses Treibens vergessen wir zunächst beinahe, unseren Blick über das Obertoggenburg, die Churfirsten und die dahinter liegenden Schneegipfel der Glarner Alpen schweifen zu lassen.

Nach kurzer Rast machen wir uns wieder auf den Weg. Unter der Tannengruppe macht die rot-weiss-rote Bergweg-Markierung auf den Einstieg Richtung Stockberg aufmerksam. Oben auf dem Grat treffen wir auf die Naturstrasse nach der Alp Stockberg, die wir aber nach wenigen Schritten wieder verlassen. Nach rechts der Markierung folgend, schreiten wir wieder durch Weiden. Wir steigen an der höher gelegenen der beiden Alphütten vorbei und gewinnen auf dem Grasweg an der Südflanke des Stockbergs gemächlich an Höhe, bis wir die Südwest-Rippe des pyramidenförmigen Gipfels erreichen. Ein steiler, aber gut ausgebauter Weg führt nun in engem Zickzack direkt zum Gipfel des Stockbergs.

Toggenburger Aussichtskanzel
Dem Gipfel nähern wir uns vorsichtig – nur zu gut sind uns die steilen Schründe in Erinnerung, die wir vom Postauto aus auf der Nordseite des Massivs erblickt hatten. Das Panorama vom 1781 Meter hohen Aussichtsberg ist grossartig. Vom Alpstein und der appenzellischen Hügellandschaft im Norden über die Erhebungen des Zürcher Oberlandes und den dumpfblauen Zürichsee im Westen bis zur Glarner und St. Galler Oberländer Gipfellandschaft, die sich über die Kulisse der Churfirsten schiebt, geniessen wir eine perfekte Rundsicht.

Der Abstieg erfolgt anfänglich auf dem gleichen Weg wie der Aufstieg, doch bleiben wir bis zur Stockneregg hinunter auf der Rippe, die uns schon bergan führte. Dort wenden wir uns nach rechts und folgen der Beschilderung «Bergweg». Durch Wald und über Weidland gelangen wir zur verkrauteten Alp Amsler, und etwas weiter unten steigen wir in nördlicher Richtung nochmals durch ein Waldstück ab. Nach einem kurzen Stück Weges dem

Von Westen her zeigt sich der Stockberg mit seinen schroffen Felsbändern ziemlich abweisend.

Bach entlang überqueren wir die Strasse und wandern zum letzten Mal auf einem Graspfad, bevor uns kurz nach Rüteli endgültig nur noch die asphaltierte Strasse bleibt, deren Zugang uns ein giftig kläffender Bless verwehren will. Bei der Gabelung etwas weiter unten – beide Wege sind mit «Nesslau» gekennzeichnet – folgen wir der Strasse nach rechts und erreichen nach etwa einer halben Stunde den Bahnhof Nesslau-Neu St. Johann.

Vielleicht reichts vor der Zugsabfahrt noch für einen Besuch der imposanten Kirche des ehemaligen Benediktinerklosters, die das Dorf mit ihrem mächtigen Satteldach dominiert. Die Hallenkirche stammt aus dem 17. Jahrhundert, ist also am Übergang von Gotik und Barock entstanden und gehört – mit St. Gallen und Pfäfers – zu den bedeutendsten Sakralbauten der Ostschweiz.

Obertoggenburger Höhenweg

Von Starkenbach übers Wildenmannlisloch nach Alt St. Johann

Route
Starkenbach «Drei Eidgenossen»–Haggaden–Stöcken–Alp Strichboden–Wildenmannlisloch–Breitenalp–Sellamatt–Loch–Mittelstofel–Vorder Sellamatt–Lämboden–Alp Sellamatt–Alt St. Johann.

Anreise
Mit den SBB von Zürich nach Wil (□ 850) und weiter nach Nesslau-Neu St. Johann (□ 853). Von dort mit dem Postauto nach Starkenbach «Drei Eidgenossen» (□ 853.70, Halt auf Verlangen). Oder SBB nach Buchs (□ 880) und von dort Postauto nach Starkenbach «Drei Eidgenossen» (□ 853.70).

Rückreise
Von Alp Sellamatt mit der Sesselbahn nach Alt St. Johann (□ 2765). Von dort Postauto nach Nesslau-Neu St. Johann bzw. Buchs (□ 853.70).

Wanderzeit
Ca. 4 Stunden.

Karten
Landeskarte 1:25 000, Blatt 1134 «Walensee».

Gaststätten
Sellamatt.

Besonderes
Prähistorische Wohnhöhle, Zwinglihaus in Wildhaus.

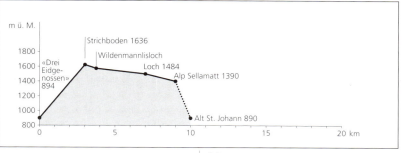

Zwei Männer namens Ulrich

Frümsel, Brisi, Gluris, Selun, Iltios – klingt das nicht, als ob die Kabarettisten Loriot, Emil und der Dichter Christian Morgenstern selbdritt ein Kreuzworträtsel zu lösen versuchten und dabei ihre sprachlichen Neuschöpfungen schon mal übers Knie brächen, damit die Wortgebilde in die dafür vorgesehenen Feldchen passten? Weit gefehlt. Diese Wörter, die sich wie frühkeltische Zauberformeln oder dadaistische Wortschöpfungen anhören, sind Berg- und Flurnamen. Und allesamt stammen sie aus dem Oberen Toggenburg, das sich als grüne Mulde zwischen den Alpstein und den gezackten Kamm der sieben Churfirsten schiebt.

Es ist die Gegend von Ulrich Zwingli (1484–1531) und Ulrich Bräker (1735–1798). Dieser, allerdings aus dem mittleren Toggenburg, oberhalb von Wattwil, stammend, war ein einfacher Kleinbauer und «Verleger», d.h. Heimarbeiter, der seine siebenköpfige Familie mit dem kärglichen Ertrag eines steilen Äckerleins und der damals im Tal üblichen Baumwollspinnerei durchzubringen suchte. Trotz der Plackerei fand der schreibkundige Bräker Musse und Energie, sein Dasein und seine Gedanken in tagebuchartigen Aufzeichnungen festzuhalten. So verdanken wir seiner «Lebensgeschichte und Natürlichen Ebentheuer des armen Mannes im Tockenburg» die Kenntnis der Lebensumstände zur Zeit des Ancien Régime und des Untergangs der Alten Eidgenossenschaft. Seine Autobiografie ist ein wertvoller Zeuge jener bewegten Epoche, die er – wie kein anderer zeitgenössischer Autor – hautnah miterlebte.

Den anderen Ulrich, der sich später im Einklang mit seiner selbst auferlegten geistlichen Mission Huldrych nannte, kennen wir als streitbaren Reformator. Schon in jungen Jahren hatte er, Sohn eines reichen Bauern und Landammanns, dessen Wohnhaus in Wildhaus besucht werden kann, die elterliche Scholle verlassen, um sich in Bern, Basel und Wien zum Theologen auszubilden. Er kam schliesslich nach Zürich, wo er von der Kanzel des Grossmünsters herab gegen Reisläuferei und Sittenlosigkeit wetterte und eben jenen zwinglianischen Geist verbreitete, der die Limmatstadt in manchen Belangen noch heute prägt.

Über die beiden Ulriche hinaus ist das Toggenburg bekannt als Stätte der frühen Industrialisierung. Wie im Glarnerland waren auch hier die Leinenweberei, die Baumwollspinnerei und die Stickerei heimisch. Nach dem Ersten Weltkrieg erlitt die Textilindustrie im ganzen Kanton einen erdbebengleichen Einbruch. Heute sind es noch wenige Betriebe in der Gegend um Wattwil und Dietfurt, die an die alte Textiltradition erinnern, jetzt allerdings spezialisiert auf Veredelung, hochtechnisierte Wirkerei und computerisiertes Design.

Höhenweg in Portionen

Früh haben die Toggenburger auch den Tourismus entdeckt: Luft- und Molkenkuren lockten schon im 19. Jahrhundert Gäste von nah und fern. Zweifellos haben es die Toggenburger bis heute verstanden, die bäuerliche Tradition mit einem massvollen Tourismus zu verbinden. Das ist an den kaum zersiedelten Hängen, den geschindelten Häusern, den beschaulichen Gasthöfen zu erkennen.

nachtungsmöglichkeiten bewältigen lässt. Seit 1994 kann man von Wil nach Wildhaus oder umgekehrt wandern, ohne auch nur einmal ins Tal hinuntersteigen zu müssen. Dennoch gibt es der Topografie entsprechend immer wieder Möglichkeiten auf- oder abzusteigen.

Wir wählen den Aufstieg von Starkenbach aus. Auf Wunsch setzt uns der Postautochauffeur beim Gasthof «Drei Eidgenossen» ab. Unsere Wanderung be-

Die blanken Fensterzeilen unter schmalen Klebedächern zum Schutz gegen die Witterung sind charakteristisch für die Toggenburger Häuser.

Ein Resultat dieser Bemühungen ist auch der Toggenburger Höhenweg, die 87 Kilometer lange Panoramaroute, die sich in Portionen von fünf bis sechseinhalb Stunden Marschzeit mit Über-

ginnt neben dem Tümpel, wo uns ein paar Enten und Gänse schnatternd begrüssen. Über eine Wiese gelangen wir zu einem stattlichen Gehöft, das von einer mächtigen Linde überschattet wird. Wir gehen zwischen dem Wohn- und Wirtschaftsgebäude hindurch und wandern dann über Matten weiter bergan, wobei wir darauf achten, dass wir nicht Richtung Büchel ansteigen, sondern den kleinen Bach zu unserer Linken lassen. Über Haggaden erreichen wir bald einmal den Wald und folgen dessen Saum auf einem ziemlich steilen Trampelpfad, bis wir auf eine Waldstrasse gelangen. Als Orientierung dient uns eine Materialbahn, die hoch über den Baumwipfeln schwebt. Nach diesem etwas komplizierten und schlecht markierten Einstieg ist die Route klar: Wir folgen der Naturstrasse bis auf die Alp Strichboden.

Verschiedenartige Höhlenmenschen

Auf der Alp Vorder Selun, wo die Bahn endet, teilt sich der Weg: Westwärts gelangt man zum Arvenbühl oberhalb von Amden. Wir aber wenden uns gegen Osten und erreichen bald das Wildenmannlisloch. Knochen und Waffenfunde belegen, dass die 140 Meter lange Kaverne schon vor rund 40 000 Jahren Menschen als Behausung diente. Fast wie ein Höhlenbewohner hauste da im vorigen Jahrhundert auch ein seltsames Wesen, das nachts den Kühen die Milch aus dem Euter sog. Im Sommer 1844 lauerten die Sennen dem Milchdieb auf und machten ein nacktes, haariges Geschöpf, das nur tierische Laute von sich gab, dingfest: eine Art Kaspar Hauser, den sie ins Tal brachten und mit Milch und Brei fütterten. Dieser Johannes Seluner – so nannte man den etwa 16-jährigen Knaben – sei sanft und gefügig gewesen, ohne je ein Wort zu sprechen, das seine Herkunft hätte erhellen können. Nur gegenüber einem vornehmen fremden Besucher, der bei seinem Anblick in Weinen ausbrach, habe er heftige Beiss- und Kratzreaktionen gezeigt, was natürlich zu allerhand Spekulationen verleitete. Der eigenartige Mensch starb 1898 im Armenhaus von Nesslau.

Über Kuhweiden und Matten führt der Weg weiter über die Breitenalp. Sie präsentiert sich als grossartiger Naturpark von geradezu jurassischem Gepräge, ausstaffiert mit einem grünen Rasenteppich, losen Tannengruppen, verwitterten Wurzelstöcken und verwunschenen Sumpftümpeln. Auf leicht abfallendem Gelände erreichen wir sodann die Alp Sellamatt mit dem grossen Bergrestaurant, wo wir die nostalgische Sesselbahn besteigen: eine Art bunte Gartenbänklein am Seil, die uns über Weiden und Baumwipfel wieder talwärts tragen. Selbstverständlich kann der steile Abstieg auch zu Fuss bewältigt werden, allerdings geht dies ordentlich in die Knie.

Wer auf dem Höhenweg noch weiter wandern möchte, erreicht in einer knappen halben Stunde die Alp Iltios. Dort kann man mit der Iltiosbahn talwärts fahren oder sich mit der Luftseilbahn auf den Aussichtsberg Chäserrugg tragen lassen (□ 2767).

Die Gegend des Wildenmannlisloch lässt mit ihren Kalksteinstufen, Tannengruppen und Mooren an den Jura denken.

Seen-Dreiklang im Alpstein

Von Wasserauen via Bötzelsattel-Bollenwees nach Brülisau

Route
Wasserauen–Chatzensteig–Hüttentobel–Hütten–Hogsberger–Schrenggen–Stockegg–Chrüzböhl–Meglisalp–Spitzigstein–Borsthalden–Bötzelsattel– Grueb–Widderalp–Bollenwees (Fälensee)–Sämtisersee–Plattenbödeli–Brüeltobel–Brülisau.

Anreise
Mit den SBB von Zürich nach Gossau (□ 850) und von dort mit der Appenzeller Bahn nach Wasserauen (□ 854).

Rückreise
Von Brülisau mit dem Postauto nach Weissbad (□ 854.30) und von dort mit der Appenzeller Bahn nach Gossau (□ 854).

Wanderzeit
Ca. 6 Stunden.

Karten
Landeskarte 1:25 000, Blatt 1115 «Säntis».

Gaststätten
Meglisalp, Bollenwees.

Besonderes
Ausgesprochen lohnende Bergseenwanderung.

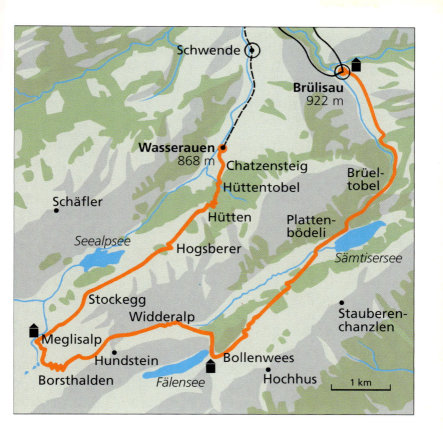

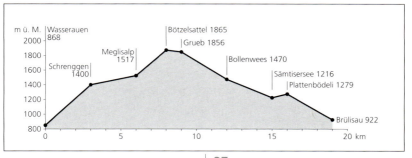

Allenthalben Wasser

Wasserauen – ein passenderer Name lässt sich für den Ausgangspunkt unserer Wanderung schwerlich ausdenken: eine Landschaft, wo das Wasser an allen Ecken und Enden sprudelt. Wo es sich in Trichtern und Tümpeln sammelt. Wo es in zahllosen Rinnsalen, Giessen und Bächen zu Tale rauscht. Wo klare Bergseen wie blanke Spiegel zwischen steilen Wänden blinken …

Eine einsame Bahnstation, ein paar versprengte Häuser, ein Gasthof: Hier soll unsere Wanderung sozusagen der feuchten Spur folgen, die sich vorerst im Schwendibach manifestiert. Etwa auf halber Distanz zwischen Bahnhof und Gasthof zweigt der Anstieg nach links ab. Über den Chatzensteig gewinnen wir rasch an Höhe und steigen in das steinige Hüttentobel. Zwar ist der Weg hier ungefährlich, dennoch ist Trittsicherheit gefragt. Nachdem die enge, feuchte Rinne überwunden ist, weichen die senkrecht abfallenden Felswände etwas zurück. Wir erreichen eine nächste Geländestufe, wo sich ein paar Sennhütten in einer Mulde ducken. Statt den Weg einzuschlagen, der rechter Hand direkt zum Seealpsee führt, wählen wir die Route, welche sich auf rund 1400 Meter Meereshöhe der Flanke des Gloggeren entlang schlängelt; wiederum ein durchaus gefahrloser Felsweg für trittsichere Wanderer, der jedoch einen faszinierenden Tiefblick auf den rund 300 Meter tiefer liegenden Seealpsee erlaubt. Als grüner, vielstrahliger Smaragd liegt er zwischen jähen Bergflanken; auch das baumbestandene Halbinselchen mit dem Restaurant ist gut zu erkennen, und die schräg einfallenden Strahlen des Frühlichts legen einen eigentümlichen Zauber auf die urtümliche Landschaft.

Der beste Käse weit und breit

Da wir den ordentlichen Aufstieg bereits hinter uns haben, erreichen wir schon bald und ohne zusätzliche Anstrengung über die Voralp Chrüzböhl unser erstes Zwischenziel: die Meglisalp. Trotz der aufragenden Berge wirkt die sattgrüne Terrasse einladend und offen. Eine Handvoll grauer Hütten scharen sich um eine erstaunlich grosse Kirche; ein Berggasthaus lädt zur Einkehr. Ist es der Kalorien verzehrende Aufstieg? Ist es die würzige Alpenluft? – Jedenfalls will es uns scheinen, als hätten wir noch nie einen derart köstlichen Appenzeller Käse genossen. Und als die Sonne sich endgültig Bahn bricht und die ganze Alp in gleissendes Licht taucht, sind wir rundum zufrieden mit uns und dem Rest der Welt. Ein Gefühl, das allerdings beim Blick auf die Fortsetzung unserer Route etwas relativiert wird: Fast in der Falllinie windet sich da der Weg in der Geröllhalde empor, die im Süden der Meglisalp himmelan strebt. Das verlangt nach einem weiteren tüchtigen Bissen und einem kräftigen Schluck. Die «Bollen-

Ein eindrückliches Bild perfekter Symmetrie: Der Säntis spiegelt sich im Seealpsee.

Eine Kirche, eine Handvoll Häuser und ein einladendes Berghotel prägen die prächtige Alpterrasse der Meglisalp.

wees», das nächste Gasthaus, ist immerhin drei Stunden entfernt.

Schliesslich heisst es doch aufbrechen. Über die Alp Spitzigstein, wo wieder ein paar Wasserlachen zwischen Gras und Steinen blinken, stechen wir in die Geröllwand der Borsthalden. Es folgt ein Schweiss treibender Anstieg, der uns im Zickzack Meter um Meter an Höhe gewinnen lässt. Die Zunge klebt am Gaumen, und der Schweiss rinnt. Wenig unterhalb der beiden Gipfel mit den doppelsinnigen Namen Freiheit und Hundstein – les extrêmes se touchent! – führt uns der Pfad zum Bötzelsattel und Richtung Widderalp. Geradeaus erkennen wir bereits den Sämtisersee, während die Widderalpstöcke den Blick auf den näher gelegenen Fälensee noch verwehren.

Ein voralpiner Fjord

Unmittelbar vor der Chalberweid, kurz vor dem Eintritt in den Wald, folgen wir dem Wegweiser «Bollenwees», der nach rechts zeigt. Der Stifel, eine Art Hohle Gasse, lässt uns wiederum gut 100 Meter ansteigen. Jetzt endlich stehen wir vor dem Fälensee, der sich wie ein langgestreckter Fjord zwischen Widderalpstöcke und Hundstein als imposanten Kletterberg im Norden und den Saxer First im Süden schiebt. Den Talabschluss bildet der Altmann. In perfekter Symmetrie reflektiert die gleissende Wasserfläche die steil abfallenden Hänge, bis ein Windstoss den glatten Seespiegel kräuselt und das anmutige Bild auflöst. In der Saxer Lücke zur Linken erblicken wir die beiden vordersten der acht Kreuzberge, auch sie ein beliebtes Klettergebiet; zur Rechten, in der Flanke des Schafsbergs, erkennen wir die Hundsteinhütte des SAC.

Das Restaurant oder die «Gaschtig» Bollenwees ist ein beliebtes Ausflugsziel: Auf der einladenden Seeterrasse lässt sichs wohl sein. Das scheint auch ein Damenquartett am Nebentisch zu finden, das sich – neben je einem Viertel Roten – Jassteppich, Tafel, Kreide und Spiel bringen lässt: Mögen die Appenzellerinnen auch lange aufs Stimm- und Wahlrecht gewartet haben, spezifische Formen von Emanzipation haben sie den Männern schon immer demonstriert …

Langsam werden die Schatten länger, es heisst aufbrechen. Zuerst folgen wir dem Fahrsträssen, das die weitläufige Alp Furgglen überquert. Wald- und Wiesland wechseln in lockerer Folge, bis wir in einer knappen Stunde das Westufer des Sämtisersees, des dritten Alpsteiner Sees, erreicht haben. Seine Ufer, weniger markant als diejenigen des Fälensees, lassen Sumpf- und Moorgebiet, Wasser und Land unmerklich und beinahe sanft ineinander übergehen und wirken deshalb weniger spektakulär. Doch wie der Fälensee besitzt auch er keinen oberirdischen Abfluss, sondern entwässert Richtung Rheintal. Unmittelbar vor dem See steigt der Weg wieder leicht an und verschwindet, den See zur Rechten liegen lassend, im Wald. Über das Plattenbödeli, eine sanfte Geländeschwelle, betreten wir das schattige Brüeltobel. Begleitet vom Rauschen des Brüelbachs gelangen wir hinunter in die Ebene von Brülisau, dessen Kirchturm über den Dächern des Dorfes aufragt. Vor uns öffnet sich das grüne Trogtal, und im verblassenden Blau des Abendhimmels hängt die rote Gondel der Hohen-Kasten-Bahn auf ihrer letzten Talfahrt. In einer guten Viertelstunde erreichen wir auf der Fahrstrasse die Talstation der Bahn, und wenige Schritte daneben wartet bereits das Postauto, das uns nach Weissbad bringt.

Auf dem Dach des Alpsteins

Von der Ebenalp zum Säntisgipfel

Route

Ebenalp–Chlus–Schäfler–Lötzlisalpsattel–Blau Schnee–Säntis.

Anreise

Mit den SBB von Zürich nach Gossau (□ 850) und von dort mit der Appenzeller Bahn nach Wasserauen (□ 854). Oder von St. Gallen via Appenzell nach Wasserauen (□ 855, 854). Von Wasserauen mit der Luftseilbahn nach Ebenalp (□ 2740).

Rückreise

Vom Säntis mit der Luftseilbahn nach Schwägalp (□ 2730). Von dort mit dem Postauto nach Nesslau-Neu St. Johann (□ 853.75) und mit der Bahn via Wattwil nach Wil (□ 853) oder Rapperswil bzw. St. Gallen (□ 870). Oder von der Schwägalp mit dem Postauto nach Urnäsch (□ 854.20) und mit der Appenzeller Bahn via Herisau nach Gossau oder St. Gallen (□ 854).

Wanderzeit

Ca. 4¼ Stunden.

Karten

Landeskarte 1:25 000, Blatt 1115 «Säntis».

Gaststätten

Ebenalp, Schäfler, Säntis.

Besonderes

Einmalige Rundsicht.

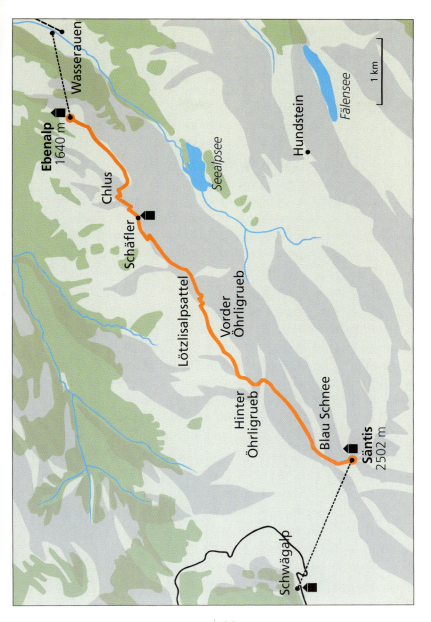

Gipfel mit magnetischer Wirkung

Der höchste Gipfel des Alpsteinmassivs, der Säntis, hat seit jeher die Menschen in seinen Bann gezogen. Dokumentiert ist zum Beispiel eine Expedition aus dem Jahr 1802: Damals richteten ein paar Bergsteiger auf dem Gipfel ein Steinmannli auf, das der Toggenburger Landschaftsmaler, Graveur und Pionier der Fotografie, Johann Baptist Isenring (1769–1860) später im Bild festhielt. Die Erstbesteigung im Alleingang ist aus dem Jahr 1830 dokumentiert. Der 26-jährige Berner Justizsekretär und Hobbyforscher Gottlieb Studer beschreibt die Rundsicht vom Säntis und urteilt, dass sie zwar «nicht die malerischen Partien einer Rigi-Aussicht darbiete, dieselbe aber durch Ausdehnung und Reichhaltigkeit um vieles überwiege». In der Tat: Nach allen vier Winden schweift der Blick ungehindert, reicht nach Deutschland, Österreich, Liechtenstein, bleibt am weissen Gipfelgewirr von Palü, Bernina und Roseg haften, gleitet im Vordergrund über die unverwechselbare Gratlinie der Churfirsten, steigt auf zu den dahinter liegenden Glarner Bergen und wandert fort zu den Berner Alpen mit der berühmten Trias, bis er sich in den flachen Ketten des Juras verliert.

Aussichtsreiche Gratwanderung

Doch soweit sind wir noch nicht. Zuvor muss der Schweiss fliessen! Viele Pfade führen auf den Säntis, und alle sind sie schön. Wir wollen für einmal gleich zwei Luftseilbahnen zum Zuge kommen lassen und wählen deshalb die Route von der Ebenalp über den Schäfler auf den Säntis. Diese Wanderung hat den Vorteil, dass sie uns immer mit herrlichen Ausblicken auf das Appenzellerland, auf den Bodensee sowie auf nahe und ferne Berggipfel belohnt.

Vorbei an zahlreichen Legföhren steigt unser Weg nach der Station der Luftseilbahn auf der Ebenalp zuerst sanft an Richtung Chlus und wird dann etwas steiler gegen den Schäfler zu. Während des ganzen Aufstiegs bietet sich uns der Blick auf den weit unter uns liegenden Seealpsee, das Alpdörf-

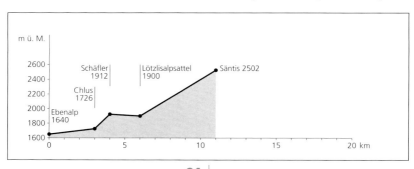

Mit seinem unverwechselbaren Sendeturm ist der Säntisgipfel als Fixpunkt des Alpsteingebiets weithin sichtbar.

Technik und Urzeit: Lautlos schwebt die Gondel der Ebenalpbahn an den Felsbändern vorbei, wo vor 30 000 Jahren Höhlenmenschen hausten.

lein Meglisalp und die Bergkette mit Marwees, Hundstein und Altmann. Die Faltungen der Gesteinsschichten sind markant, wilde Abbrüche tun sich uns dar, dazwischen liegen saftiggrüne Grasbänder und ringsum Alpen. Vom Schäfler (1923 m ü. M.) aus geht es leicht abwärts, unter den Altenalp-Türmen vorbei, dann hinauf über den Lötzlisalpsattel und durch die Vorder Öhrligrueb. Oberhalb der Hinter Öhrligrueb geht es auf einem mit Drahtseilen gesicherten Pfad durch Felsen in ein Karrenfeld hinein. Hält man sich peinlich genau an die Wegspur, ist der Aufstieg über den Blau Schnee – die letzten Überreste des ehemaligen Säntisgletschers – gut zu bewältigen. Zum Schluss steht uns aber noch eine Bewährungsprobe bevor: die «Himmelsleiter», ein durch Stahlseile gesicherter Weg, der steil zum Säntisgrat empor führt.

Raues Klima

2502 Meter hoch ist der Säntis, aber durch seine exponierte Lage ist sein Klima so rau wie das eines Dreieinhalbtausenders in den Zentralalpen. Dieser speziellen Lage ist es zuzuschreiben, dass der Säntis schon früh eine Wetterbeobachtungsstation erhielt. 1882 konnten durch die eigens installierte Telegrafieleitung vom Säntis nach Weissbad die ersten Messwerte übermittelt werden. Feuchtigkeit, Niederschlag, Temperatur, Windrichtung, Wolkenzug und atmosphärischer Druck: Diese Daten wurden nun fortan getreulich aufgezeichnet und an die Meteorologische Zentralanstalt in Zürich gesendet. Dank diesen Aufzeichnungen ist die Nachwelt über die extremen Bedingungen, die auf dem Säntisgipfel herrschen, orientiert: So wurde die bisher tiefste Temperatur 1905 mit minus 32 Grad gemessen, die höchste 1983 mit 20,8 Grad und im Winter 1998/99 eine Schneemenge von über 8 Metern. Die Messungen werden aber schon lange nicht mehr von einem Säntiswart vorgenommen, sondern erfolgen im futuristisch anmutenden Swisscom-Gebäude vollautomatisch.

Nach einer ausgiebigen Rast im 1997 eröffneten, modernen Panoramarestaurant gilt es, allmählich an den Heimweg zu denken. Dank der Luftseilbahn auf die Schwägalp ist das aber kein Problem. Pläne für eine Bergbahn auf den Säntis gab es schon sehr früh. Erste Projekte wurden in den 1880er Jahren ausgeheckt, also mehr als 20 Jahre vor dem Sturm auf die Jungfrau. Eine Bahn sollte St. Gallen über Appenzell, Wasserauen, Seealpsee und Meglisalp direkt mit dem Säntisgipfel verbinden. Dieses Projekt scheiterte allerdings, wie auch verschiedene weitere, die eine Streckenführung auf dem Boden vorsahen, an den Finanzen. Einem Vorschlag, den Gipfel von der Toggenburger Seite mit einer Schwebebahn zu erschliessen, begegnete man mit Skepsis, doch die Idee wurde nie mehr ganz fallen gelassen. 1933 erhielt der Herisauer Initiant, Carl Meyer, vom Eidgenössischen Bahndepartement grünes Licht für seine Schwebebahn von der Schwägalp auf den Säntis. 1935 schwebte die erste Gondel zum Gipfel hinauf, und gleichzeitig war auch die Strasse für den Postautoverkehr über die Schwägalp fertiggestellt.

Eine gründliche Erneuerung der Bahn nach einem Vierteljahrhundert vermochte nicht darüber hinwegzutäuschen, dass dem wachsenden Publikumsinteresse nur ein Neubau genügen würde. Zusammen mit der Neukonzeption der PTT-Anlage drängte sich ein neues Gipfelkonzept auf, das nicht nur bahntechnische Aspekte, sondern auch eine autonome Strom- und Wasserversorgung, modernste Kommunikationsanlagen sowie eine biologisch-mechanische Kläranlage beinhaltete. Seit 1974, nach einem nur halbjährigen Betriebsunterbruch, überwinden neue rote Gondeln mit einem Fassungsvermögen von 100 Personen in nur 7 Minuten die Höhendifferenz von 1122,4 Metern. Schon nach 20 Jahren Betriebsdauer konnte der 15-millionste Fahrgast gefeiert werden.

Hoch über dem Rheintal

Zur Saxer Lücke und über Stauberen zum Hohen Kasten

Route
Sax–Rüti–Brand–Güllen–Unteralp–Saxer Lücke–Furgglenfirst–Stauberenchanzlen–Stauberenfirst–Kastensattel–Hoher Kasten–Brülisau.

Anreise
Mit den SBB von Zürich via Wil (□ 850) oder mit der Bodensee-Toggenburg-Bahn BT von St. Gallen bzw. Rapperswil via Wattwil (□ 870) nach Nesslau-Neu St. Johann (□ 853). Von dort mit dem Postauto nach Gams (□ 853.70). Oder mit den SBB von Chur–Sargans bzw. St. Gallen–St. Margrethen nach Buchs (□ 880) und mit dem Postauto nach Gams (853.70).
Von Gams mit dem Postauto nach Sax (□ 880.77).

Rückreise
Vom Hohen Kasten mit der Luftseilbahn nach Brülisau (2745) und von dort mit dem Postauto nach Weissbad (□ 854.30). Von Weissbad mit der Appenzeller Bahn AB nach Herisau–Gossau (□ 854) und mit den SBB weiter nach Winterhur–Zürich (□ 850); oder via Herisau nach St. Gallen bzw. Rapperswil (□ 870).

Wanderzeit
6½ Stunden.

Karten
Landeskarte 1:25 000, Blatt 1115 «Säntis».

Gaststätten
Stauberen, Hoher Kasten.

Besonderes
Kreuzberge mit ihrer Orgelpfeifen-Formation, Blick ins Rheintal und in den Alpstein mit dem Fälen- und dem Sämtisersee.

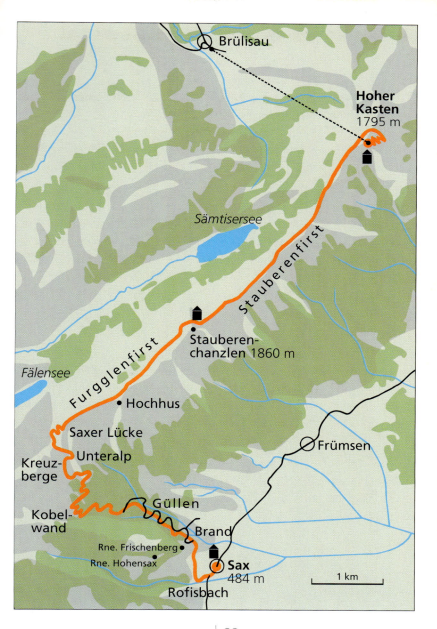

Längsrippen und Querbruch

Das Alpsteingebiet, ein Wander-Eldorado erster Güte, ist geologisch gesehen eine junge Landschaft, und der Name eines seiner markanten Gipfel, Altmann, darf keinesfalls wörtlich genommen werden. Er leitet sich vielmehr vom lateinischen «altus mons», Hoher Berg, ab. Ein Blick auf die Karte zeigt drei parallele, akkurat in Südwest-Nordost-Richtung verlaufende Längsrippen. Diese Alpsteinketten wurden durch gewaltige urzeitliche Bewegungen buchstäblich mitten entzwei geschnitten. Der geologische Bruch verläuft auf einer ziemlich geraden Achse in Nord-Süd-Richtung von Weissbad über Schwende–Wasserauen–Bogarten, formiert – zunehmend betont – das Tobel des Stifel und die Schanze der Bollenwees und kulminiert bei der canyonartigen Kerbe der Saxer Lücke. Der mehr oder weniger ausgeprägte Geländeeinschnitt, hervorgerufen durch einen Schub gegen Norden, hat nicht nur die Längsfalten des Alpsteins durcheinandergebracht, er hat auch den östlichen Teil gegenüber dem westlichen um mehrere hundert Meter tiefer gesetzt und imposante Gesteinsschichtungen freigelegt.

Diese Querrinne soll uns den Einstieg in den Alpstein erlauben, und zwar für einmal von Süden, also vom St. Galler Rheintal her. Ausgangspunkt unseres Ein- bzw. Aufstiegs in das geologisch so faszinierende Gebiet ist das langgestreckte Strassendorf Sax. Es bildet zusammen mit Haag, Salez und Frümsen die politische Gemeinde Sennwald und schmiegt sich wie die meisten Siedlungen des breiten Trogtals an den Fuss der Bergflanken. Denn zu oft hat hier der einst ungehindert mäandrierende Rhein den Talgrund überschwemmt, bevor er zwischen 1892 und 1923 begradigt und kanalisiert wurde.

Ein Schloss und eine Strafanstalt

Gleich gegenüber der Post von Sax, wo wir aussteigen, fällt uns das Gasthaus «Schlössli» auf, das nicht nur so heisst, sondern wirklich auf eine adelige Herkunft zurückblickt. Der imposante Bau

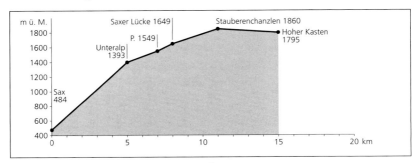

wurde 1551 als Herrschaftssitz der Familie von Sax erbaut und gelangte zur Zeit des Dreissigjährigen Kriegs für 130 Jahre in den Besitz der Familie Ziegler. 1735, noch immer Sitz der Zürcher Landvögte, deren Bildnisse den Prunksaal im ersten Stock zieren, wurde das Schloss barockisiert und kam dann in bündnerische Hände. Nach weiteren Besitzerwechseln drohte das schöne Gebäude zu zerfallen, bis sich 1978 eine Vereinigung mit dem Ziel formierte, den architektonischen Zeugen einer wechselhaften Geschichte als Landgasthof zu erhalten.

Auf ein paar Jahrhunderte weniger blickt die Strafanstalt Saxerriet zurück. Entstanden ist sie aus einer ehemaligen, in Montlingen ansässigen Arbeitskolonie für Strafgefangene, die zur Drainage der Rheinauen und zum Strassenbau abdetachiert wurden. 1964 wurde nach langen Provisorien die jetzige Anstalt eröffnet, die mit ihrem offenen Strafvollzug als beispielhaft gilt.

Burgruinen und Steinkathedralen

Wir gehen ein paar Schritte zurück und folgen beim Dorfeingang der Fahrstrasse bergwärts Richtung Burgberg. In leichter Steigung führt sie der Felsrippe mit den beiden Ruinen der Festen Frischenberg und Hohensax entlang. Die paar Umfriedungsmauern sowie Überreste des Palas und des Bergfrieds lassen die Grösse der einstigen Anlage erahnen, die im 12. Jahrhundert vom Misoxer Geschlecht von Sax zur Sicherung des Handelswegs zwischen Chur und Bodensee als mächtigste Burg im sanktgallischen Rheintal erbaut worden war.

Während sich die Strasse im Zickzack bergwärts windet, halten wir uns an die Abkürzung und folgen dann ab Nasseel dem deutlich markierten Waldweg Richtung Saxer Lücke. Markant ragen direkt vor uns die Felsen der Kobelwand auf. In steilen, aber ungefährlichen Spitzkehren, zuerst durch einen sich zusehends lichtenden Baumbestand, anschliessend durch ein markantes Tobel steigen wir auf, bis wir die Felswand überwunden haben. Über Schotter und spärliche Grasnarben erreichen wir Gamadür und die Hütten der Unteralp auf 1393 m ü. M. Die Zunge klebt am Gaumen, das T-Shirt am Rücken, und eine ausgiebige Rast ist angezeigt, denn wir sind schon zweieinhalb Stunden unterwegs und haben seit dem Talgrund fast 900 Höhenmeter hinter uns gebracht.

Im Westen reihen sich wie Orgelpfeifen die Kreuzberge aneinander. Wir aber wenden uns nordwärts und steigen nochmals 250 Meter auf, um schliesslich in einer weit ausholenden Schlaufe den Sattel der Saxer Lücke auf 1649 m ü. M. zu erreichen. Hier werden wir mit einem eindrücklichen Rundblick für die Plackerei belohnt: vor uns in der Tiefe der günlich schimmernde, langgestreckte Fälensee; in unserem Rücken, die acht Türme der

Die senkrechten Türme der Kreuzberge verdanken ihre Entstehung einer gewaltigen geologischen Faltung.

Kreuzberge, die von hier aus entfernt an Gaudís Sagrada Familia in Barcelona erinnern.

Gastwirt als Trendsetter

Man könnte hier Richtung Bollenwees absteigen, unsere Route aber folgt in lockerem Auf und Ab der Krete des Furgglenfirsts, der sowohl Wasserscheide als auch Grenze zwischen den Kantonen Appenzell-Innerrhoden und St. Gallen ist. Auf halbem Weg passieren wir die markante Erhebung mit dem treffenden Namen Hochhus und gelangen nach einer weiteren knappen halben Stunde zum Berggasthaus «Stauberen», das seit 1978 auch per Privatseilbahn von Frümsen aus erreichbar ist. «Als der Herrgott die Arbeitsstunden der Bergwirte mit ihrem Einkommen verglich, wandte er sich ab und weinte bitterlich», steht da an der Wand der Gaststube, und dieses harte Los müssen wir natürlich in Form einer Konsumation zu mildern suchen. Doch der rührige Wirt hat sich nicht nur aufs Klagen verlegt, wie sich zeigt, als er sich für einen Schwatz zu uns an den Tisch setzt. Vielmehr sucht er nach neuen Ideen, um die Attraktivität seines Hauses zu steigern. Zum Beispiel möchte er künftig sogenannte Rucksackzimmer anbieten, welche die herkömmlichen Matratzenlager ersetzen, aber nicht unbedingt den Komfort eines teureren Hotelzimmers bieten sollen.

Noch denken wir aber nicht ans Übernachten, sondern machen uns wieder auf den Weg. Auch von hier wäre ein Abstieg möglich, diesmal Richtung Sämtisersee, doch wir wandern auf dem Gratweg weiter, der dem Stauberenfirst – und mehrheitlich der Kantonsgrenze – folgt. Rechter Hand öffnet sich der Tiefblick in die Rheinebene, zu unserer Linken glänzt der Sämtisersee. Pestwurz, Steinbrech, Eisenhut, Milchlattich, Türkenbund, Enzian, Orchis und viele andere Blumen säumen den Weg und lassen uns immer wieder bewundernd innehalten; nicht umsonst ist das Gebiet als ausgesprochenes Blumenparadies bekannt. Verschiedene Tafeln erklären uns zudem die «bewegte» Geologie des Alpsteins.

Nach rund eindreiviertel Stunden unterqueren wir die Drahtseile der Kastenbahn. Damit ist unser Ziel erreicht: die markante Kuppe des Hohen Kastens, die nordwärts umgangen werden muss, bevor uns ein kurzer Aufstieg an der Nordostflanke auf den eigentlichen Gipfel (1795 m ü. M.) bringt. Hier besteigen wir die rote Kabine der Luftseilbahn, die die 857 Höhenmeter über nur zwei Masten und in nur 8 Minuten überwindet und uns hinunter nach Brülisau bringt.

Als aussichtsreiche Bergkanzeln bilden der Hohe Kasten und der Kamor den nordöstlichen Abschluss der äusseren Alpsteinkette.

Macht seinem Namen Ehre: der Hohe Kasten

Vom Hohen Kasten über Alp Kamor und Resspass nach Steinegg

Route
Hoher Kasten–Kastensattel–Küeschte–Alp Kamor–Alp Frosen–Resspass–Schwamm–Forstseeli–Heieren–Boschgeren–Eggli–Brand–Bifig–Steinegg.

Anreise
Mit den SBB von Zürich nach Gossau (☐ 850) oder mit der Bodensee-Toggenburg-Bahn BT von Rapperswil bzw. St. Gallen nach Herisau (☐ 870). Von Gossau bzw. Herisau mit der Appenzeller Bahn AB nach Weissbad (☐ 854) und von dort mit dem Postauto nach Brülisau (☐ 854.30). Mit der Luftseilbahn auf den Hohen Kasten (☐ 2745).

Rückreise
Von Steinegg mit der Appenzeller Bahn AB nach Herisau bzw. Gossau (☐ 854).

Wanderzeit
4½ Stunden.

Karten
Landeskarte 1:25 000, Blätter 1115 «Säntis» und 1095 «Gais».

Gaststätten
Hoher Kasten, Eggli.

Besonderes
Aussichtspunkt Hoher Kasten, Alpengarten, Tierparadies Eggli (für Kinder).

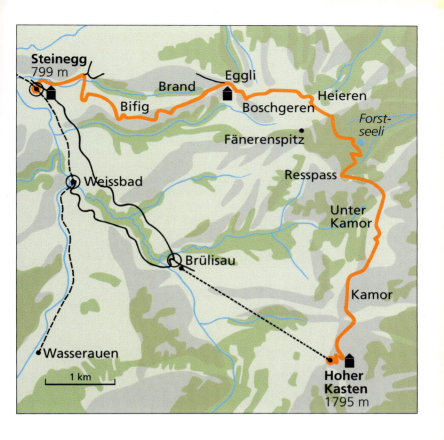

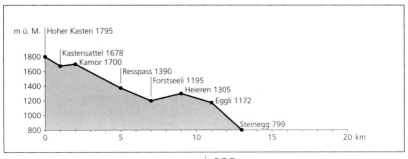

«Es bluemets Trögli»

Wie ein reich mit Blumen bemaltes Bauernmöbel steht er in der inneren, der «guten Stube» des Appenzellerlandes: der Hohe Kasten. An diese mit Blumenbouquets und Girlanden bemalten Schränke und Truhen erinnert nicht nur die vielfältige Flora. Auch die Form des markanten Bergklotzes lässt an einen Kasten denken, wie schon das Grimmsche Wörterbuch aus dem Jahr 1854 zu berichten weiss: «kästen, kästeln sind schroffe absätze, in Appenzell ist ein berg Kasten.»

Seit 1964 führt eine Luftseilbahn auf den beliebten Ausflugsgipfel. Wir machen uns diese Errungenschaft gerne zu Nutze und lassen uns in nur acht Minuten über die grünen Matten in die Höhe tragen. Immer kleiner und putziger werden die Brülisauer Kirche, das Gasthaus «Krone», der Kubus der Talstation und die verstreuten Höfe mit

Selbst hinter Nebelschwaden lässt der Hohe Kasten seine unverkennbare Gestalt erahnen.

den typischen Kreuzgiebeln – eine sanft gewellte, friedliche Spielzeuglandschaft, wie sie uns auch von der naiven Appenzeller Malerei her bekannt ist.

Bilderbuchpanorama

Oben auf dem Gipfel erwartet uns eine atemberaubende Rundsicht. Gegen Osten schweift der Blick übers Rheintal mit dem begradigten Flusslauf hinweg ins Vorarlbergische. Im Süden begrenzen die Zacken des Rätikons, der Alviergruppe und der Churfirsten den Horizont. Im Südwesten dominieren die beiden anderen Ketten des Alpsteins mit Altmann und Säntis, und im

wo sich die Routen trennen. Nach links führt der Geologische Wanderweg, der unterhalb des Kastengipfels verläuft und dann Richtung Stauberen und Saxer Lücke zielt.

Wir dagegen wählen die Abzweigung nach rechts und wenden uns, der Kre-

Die Bergkämme des Alpsteins bieten nicht nur ein imposantes Panorama, sie liefern auch dem Geologen exemplarisches Anschauungsmaterial.

Norden schliesslich verliert sich der Blick im Dunst über dem Bodenseegebiet. Nach einem Gipfeltrunk, den obligaten Orientierungsversuchen an den Panoramatafeln und vielleicht einem Rundgang durch den Alpengarten machen wir uns an den Abstieg. Am Matratzenlager vorbei führt der Weg im Zickzack hinunter auf den Kastensattel,

te folgend, nordwärts. Bald gelangen wir auf ein geteertes Alpsträsschen, passieren ein Wasserreservoir und wandern der Ostflanke des Kamor entlang, bis wir über die sanft abfallenden Matten von Unter Kamor zur Alp Frosen gelangen. Dort bündeln sich mehrere Wege; wir folgen dem Wegweiser Richtung Resspass. Über Riedwiesen und durch lockeren Baumbestand steigend, erreichen wir nach einer guten Stunde den Sattel auf 1310 m ü. M., von wo eine gewundene Naturstrasse hinunter Richtung Weissbad führt. Nach einem kurzen Ausguck über die Krete ins Tal des Brüelbachs bleiben wir aber weiterhin auf der östlichen Bergflanke und wenden uns talwärts.

Moos und Binsen
Langsam nimmt uns ein dunkler Forst auf. Fichten, vereinzelte Birken und Erlen, vor allem aber Binsengewächse aller Art deuten auf den feuchten Grund hin. Ein Blick auf die Karte bestätigt es: Wir wandern durch den Diepoldsauer Schwamm. Der Name ist trefflich gewählt: Ein federnder Moosboden dämpft unseren Schritt. Da und dort sammelt sich das Wasser zu kleinen Tümpeln zwischen den Stämmen. Schachtelhalme, Salomonssiegel, Farne, sogar Seggen und Schilf wachsen da. Schon blinkt es geheimnisvoll durch den Wald: das lauschige Forstseeli ist erreicht.

Verführerischer Duft gebratener

Wie eine verwunschene Oase glänzt das Forstseeli inmitten eines dichten Märchenwaldes.

Würste steigt uns in die Nase, ein feiner Rauchschleier hängt zwischen den Bäumen, Lachen erklingt. Eine Gruppe Wandervögel hat sich bereits diesen idyllischen Flecken fürs Picknick ausgesucht, und grosszügig erlaubt man uns, unsere mitgebrachten Würste ebenfalls über die Glut zu halten.

Nach einer ausgiebigen Rast ziehen wir weiter. Ein kurzer Aufstieg durch den Wald, bei dem wir einmal ein glucksendes Rinnsal überschreiten, führt uns entlang der Flanke des Fänerenspitzes auf freies Feld und zum Gehöft Heieren. Einem Landwirtschaftsweg folgend, verlieren wir fast unmerklich an Höhe. Erst als wir uns unter den Drahtseilen einer Materialbahn befinden, wird der Weg abschüssiger und führt über Grasbuckel hinunter zum Landgasthof «Eggli».

Paradies mit zankendem Federvieh
Als erstes begrüsst uns ein Quintett schnatternder Gänse. Dann entdecken wir ein paar grunzende Schweine, die sich ob des freien Auslaufs freuen. Jenseits des Wegs drängt sich ein Schar von Zwergziegen ans Gatter und will gestreichelt werden. Zur ländlichen Idylle gehört ein gutmütiger, schwanzwedelnder Bernhardiner, und von irgendwoher hört man gar Schafsgeblök und das heisere Schreien eines Esels. Doch wie jedes andere ist auch dieses bäuerliche Paradies nicht frei von bösen Mächten. Das zeigt sich alsbald in der Furcht erregenden Gestalt eines gehässigen Puters, der sich mit roten Augen, spitzem Hackschnabel und gesträubtem Gefieder auf die arglosen Gäste stürzt. Sogar der freundliche Barri klemmt den Schwanz zwischen die Beine und überlässt das Feld dem gefiederten Aggressor, bis der Wirt Ruhe und Ordnung wiederherstellt und das angriffige Federvieh mit gezielten Fusstritten in die Schranken weist. Nach ein paar grollenden Kehllauten verzieht sich der Störefried, und wir nehmen vor der geschindelten Hauswand mit der blanken Fensterreihe Platz. Während wir auf unseren «Kafi fertig» warten, amüsieren uns die Versuche deutscher Gäste, die Speisekarte zu entziffern, die der Gastwirt in waschechter «Appezöller Mondaat» – so, wie ihm der Schnabel gewachsen ist – abgefasst hat. Der sprichwörtliche Appenzeller Witz geht sogar soweit, dass der Pfiffikus nicht nur sein gastronomisches Angebot und sein schönes «Häämetli» mit den vielen «Veechern» anpreist, sondern unverhohlen eine «Eggli»-Wirtin für sich selbst sucht. Ob er inzwischen Erfolg hatte, entzieht sich unserer Kenntnis ...

Innerlich und äusserlich beschwingt, nehmen wir das letzte Wegstück in Angriff. Über die abgemähten Wiesen steigen wir an den Gehöften Brand, Äugst und Ger vorbei talwärts, bis wir die Fahrstrasse erreichen, die uns in wenigen Schlaufen zur Station Steinegg der Appenzeller Bahn bringt.

Sprung über die Landesgrenze ins Ländle

Rundwanderung von Malbun zur Pfälzer Hütte

Route

Malbun–Vaduzer Täli–Tälihöhi–Alp Gritsch–Bettlerjoch/Pfälzer Hütte–Augstenberg–Spitz–Sareiserjoch–Bim Chrüz/Sareis (Sesselbahn)–Malbun.

Anreise

Mit den SBB von St. Gallen–St. Margrethen nach Buchs (□ 880) oder von Zürich nach Sargans (□ 900). Von Buchs bzw. Sargans Postauto nach Vaduz (□ 880.95) und von dort nach Malbun (□ 880.97).

Rückreise

Von Sareis mit der Sesselbahn nach Malbun (□ 2810) und von dort mit dem Postauto nach Vaduz (□ 880.97).

Wanderzeit

Ca. 5¼ Stunden.

Karten

Landeskarte 1:25 000, Blätter 1136 «Drei Schwestern» und 1156 «Schesaplana», oder Landeskarte Fürstentum Liechtenstein.

Gaststätten

Pfälzer Hütte, Bim Chrüz/Sareis (Bergstation Sesselbahn).

Besonderes

Reiche Alpenflora, schönes Dorfbild und Walser Heimatmuseum in Triesenberg.

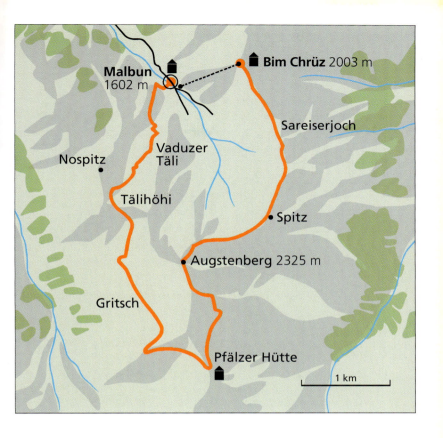

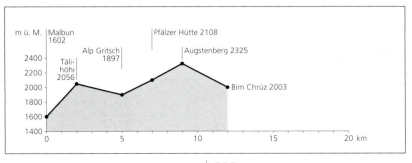

Walserdorf Triesenberg

Schon die Bergfahrt mit dem Postauto ins Ländle ist Schwindel erregend – im wahrsten Sinne des Wortes. In engen Kehren kurvt das gelbe Gefährt bergan in Richtung Triesenberg, einmal links, dann wieder rechts den Blick auf das weite Rheintal freigebend. Betörend ist auch der Duft von frischen Gipfeli und Weggli, die im Postauto bis Triesenberg mitreisen. Wir bewundern im Vorbeifahren die schönen, alten Walserhäuser auf dieser Sonnenterrasse 500 Meter über dem Rheintal und nehmen uns vor, auf der Rückfahrt einen Zwischenhalt einzulegen und dem Walser Heimatmuseum einen Besuch abzustatten.

Paradiesisches Malbuntal

Nach ein paar weiteren Kurven und einem Tunnel erreichen wir das zur Gemeinde Triesenberg gehörende Malbuntal. Auf fast gerader, sanft ansteigender Strecke fahren wir nun durch sattgrünes Wies- und Weideland und erreichen bald Malbun. Das Alpental hat sich seit Anfang des 20. Jahrhunderts Schritt für Schritt auch dem Tourismus eröffnet. Heute bietet der Weiler 450 Betten – vom Matratzenlager bis zum bequemen Hotelbett an. Seit 1959 wird die Strasse das ganze Jahr offen gehalten; in dieser Zeit hat sich auch der Wintertourismus stark entwickelt, aber Ruhe und Beschaulichkeit gehören immer noch zum Markenzeichen des Tals. Und für einige stellt es gar den Himmel auf Erden dar, wenn wir dem Hausspruch auf verwitterter Fassade Glauben schenken dürfen: «Oh du schönes Malbuntal, du stellst den Himmel auf Erden dar.»

Nach einer kleinen Stärkung machen wir uns auf den Weg. Von der Endstation der Postautolinie an der Talstation der Sesselbahn gehen wir ein kurzes Stück zurück bis zum Wegweiser, der uns den Pfad zur Alp Gritsch und der Pfälzer Hütte, unserem ersten Etappenziel, anzeigt. Wir steigen auf weichem Weideland bergan, und vernehmen bald ein buntes Stimmengewirr. Wenig später sehen wir zwei Dutzend junge Männer, jeder mit einer Sense. Wir lassen uns aufklären und erfahren, dass sie das Weidland für die Sömmerung des Viehs vorbereiten. Alles, was die Kühe nicht fressen, wird weggemäht. So wird vermieden, dass das weidende Vieh es zertrampelt und dass es sich weiter versamt.

Idealistische Alpgenossen

Der Grossteil der Männer sind Brasilianer, die in Liechtenstein eine landwirtschaftliche Ausbildung absolvieren. Wir erfahren auch, dass die Alpen Pradamé-Hahnenspiel und Hintervalorsch auf dieser Talseite der Alpgenossenschaft Vaduz gehören. Diese Besitzverhältnisse lassen sich bis auf das Jahr 1483 zurückführen, in welchem zum ersten Mal «...gemaine nachgepuren und alpgenossen von vaduz der alpp

Im Frühsommer überzieht sich das Vaduzer Täli oberhalb Malbuns mit einem bunten Teppich von Bergblumen.

albon…» urkundlich erwähnt werden. Die Genossenschaft hat heute noch etwa 320 stimmberechtigte Mitglieder, aber nur noch fünf Vieh haltende Alpgenossen, die somit in den eigentlichen «vollen Genuss der Alpvorteile» gelangen können. Die Alpgenossenschaft lebt von der ideellen Gesinnung ihrer Mitglieder und deren Einsatz für die Pflege des ererbten Eigentums. Jährlich werden Hunderte von Stunden an freiwilligem Arbeitsdienst geleistet – wie eben jetzt für das Vorbereiten der Alpen für die hochsommerliche Bestossung.

Derart aufgeklärt, wandern wir nun durch das Naturschutzgebiet des Vaduzer Täli – der Flurname verwundert nun nicht mehr – und steigen zuerst leicht, dann immer steiler an, bis wir kurz nach den Lawinenverbauungen die Tälihöhi überschreiten. An der Flanke von Silberhorn und Augstenberg streben wir durch Alpweiden auf dem markierten Weg leicht bergab über Weilerböda der Alp Gritsch entgegen. Von dort gehts wieder bergwärts, bis sich das Naaftal mit dem 2525 Meter hohen Naafkopf vor uns auftut. Auf nahezu gleich bleibender Höhe erreichen wir auf einem breiten Naturweg nach dreieinhalb Stunden das Bettlerjoch. Spätestens seit die Pfälzer Hütte dort steht, ist diese Bezeichnung jedoch ganz und gar unangebracht, denn die

Nebelschwaden, die an den Berghängen kleben: Selbst an trüben Tagen bewahrt die Bergwelt ihre Faszination.

Bewirtung in der Bergwirtschaft ist einer Fürstin würdig. Und auf einer Fürstin Spuren wandern wir nach gebührender Stärkung denn auch weiter.

Auf fürstlichen Spuren

Von der Pfälzer Hütte nehmen wir den dreiviertelstündigen Aufstieg auf den Augstenberg in Angriff. Das erste Stück verläuft, ohne dass wir uns dessen gewahr würden, über österreichisches Staatsgebiet. Die Pfälzer Hütte ist – je nach Wanderrichtung – Ausgangs- bzw. Endpunkt des Weges, welcher der von vielen Liechtensteinern verehrten Landesmutter Fürstin Gina gewidmet ist. Wie schon im Naturschutzgebiet des Vaduzer Täli begleitet uns auch hier eine selten reiche Alpenflora. Am Tag der Einweihung dieses Wegs im September 1988 versprach das Mitglied des Liechtensteiner Alpenvereins Wilfried Kaufmann der Landesmutter, alle Pflanzenarten an «ihrem» Weg aufzuschreiben. Ein Jahr später konnte er ihr eine vorläufige Liste ans Krankenbett, von dem sie nicht mehr aufstehen sollte, schicken. Inzwischen ist von ihm ein Führer über die Alpenflora Liechtensteins erschienen.

Gipfelrast auf dem Augstenberg, 2365 m ü. M.: Vor uns die Vorarlberger Alpenwelt, hinter uns der Alpstein, die Bündner Alpen und, im Dunst versinkend, die Innerschweizer Gipfel. Der Abstieg ist zuerst ziemlich steil, später führt er über Grasland, bevor es beim Spitz wieder auf steinigem Grund bergan geht. In steil abfallender Felswand erinnert dort eine Tafel an der Landesmutter «segensreiches Wirken für unser Land und die Notleidenden der Welt».

Wir schreiten auf dem markierten Weg weiter, immer auf dem Grat oder in dessen Nähe, und gelangen zum Sareiserjoch und weiter zum Chrüz im Sareis, der Bergstation der Sesselbahn. Von ihr lassen wir uns in wenigen Minuten ins 400 Meter tiefer gelegene Malbun tragen und lassen dabei zum letzten Mal aus der Vogelschau den Blick über das weite, liebliche Tal schweifen.

Über die grünen Hügel Appenzells

Von Trogen über Gäbris-Sommersberg-Hirschberg nach Appenzell

Route
Trogen–Kinderdorf Pestalozzi–Sand–Nistelbühl–Moos–Gäbris–Unter Gäbris–Schwäbrig–Usser Sommersberg–Sommersberg–Starchenmüli–Gmeindplatz–Golterberg–Nisplismoos–Höch Hirschberg–Stralhütten–Eggeli–Appenzell.

Anreise
Mit der Trogener Bahn von St. Gallen nach Trogen (□ 859).

Rückreise
Von Appenzell mit der Appenzeller Bahn AB via Gais (□ 855) oder Herisau (□ 854) nach St. Gallen oder via Herisau nach Gossau (□ 854) und weiter nach Winterthur–Zürich (□ 850). Oder von Herisau mit der Bodensee-Toggenburg-Bahn BT nach Rapperswil (870).

Wanderzeit
6 Stunden.

Karten
Landeskarte 1:25 000, Blatt 1095 «Gais».

Gaststätten
Gäbris, Sommersberg, Höch Hirschberg.

Besonderes
Dorfbilder von Trogen und Appenzell, Liner-Museum in Appenzell.

Ein Dorf für Kinder

Gleich unmittelbar neben dem Trogener Bahnhof, dem Endpunkt der gleichnamigen Bahnlinie, folgen wir dem ansteigenden Strässchen und dem Wegweiser, der auf das Pestalozzi-Kinderdorf hinweist. Diese Stiftung geht auf eine Initiative des Philosophen Walter Robert Corti (1910–1990) zurück, der 1944 zum Bau eines Dorfes für Kinder aus den kriegsversehrten Gebieten aufrief. Bereits im Jahr 1945 erfolgte die Grundsteinlegung, und 1950 wurde der gemeinnützige Verein in jene Stiftung überführt, die noch heute Trägerin dieses Kinderhilfswerks ist. Unabhängig von Rasse, Hautfarbe, Religion, Sprache oder politischer und sozialer Herkunft finden hier benachteiligte Kinder und Jugendliche – zurzeit etwa fünfzig – in betreuten Hausgemeinschaften ein vorübergehendes Zuhause und die Möglichkeit zu Schulung und Bildung, um später, wenn möglich, in ihrem Heimatland bessere Startbedingungen vorzufinden. Andere kommen zur Erholung und auf Urlaub hierher, und seit 1982 engagiert sich die Stiftung zunehmend auch in der Aufbau- und Nothilfe direkt in Krisengebieten der Dritten Welt. Seit Jüngstem finden hier auch Kurse in heimatlicher Sprache und Kultur statt, die von rund 700 fremdländischen Kindern aus der ganzen Ostschweiz besucht werden.

Über den Gäbris zum Sommersberg

Wir passieren das «Dorf im Dorf» – rund zwei Dutzend Wohnhäuser, die sich um zwei grössere Gemeinschaftsgebäude, einen sakralen Zentralraum und ein Schulhaus scharen – linker Hand und erreichen bald das Gehöft Sand, wo wir die Strasse Trogen–Bühler überqueren und anschliessend zur Häusergruppe von Nistelbüel aufsteigen. Über sanft gewelltes Hügelland geht es weiter über Moos und von dort mehr oder weniger auf der Krete durch lichten Wald in insgesamt zwei Stunden zum Gäbris. Mit seinen 1246 Metern Höhe stellt er einen beliebten Aus-

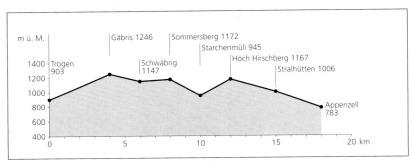

sichtspunkt dar, von dem man einen weiten Rundblick geniesst: Ein flauschiger Wolkenteppich bedeckt die Niederungen, das Rheintal und das Bodenseegebiet; nur die Gipfel des Alpsteins und der Vorarlberger Alpen ragen als dunkle Inseln aus dem weissen Wattemeer. Die wärmenden Strahlen einer milden Herbstsonne, das bunte Laub, einen Krug Most auf dem langen Holztisch vor der besonnten Wand des Gasthauses, der Hofhund, der an unseren Schuhspitzen schnuppert – die Idylle ist perfekt. Direkt vor uns steigt der Hirschberg aus dem Dunst, unser nächstes Etappenziel. Wir peilen ihn aber nicht direkt an, sondern wählen die Route über Schwäbrig und den Sommersberg.

Wir gehen einige Schritte zurück auf dem Weg, den wir gekommen sind, und folgen dann rechts dem Zubringersträsschen. Über Unter Gäbris gelangen wir in kaum merklichem Gefälle zum Gäbrisseeli, einem von Schilf umstandenen stillen Gewässer, das unter Naturschutz steht. In einer leichten Rechtskurve führt die Strasse nun durch einen Waldspickel zum Kinderferienhaus Schwäbrig. Hier werden wir von zwei «Indianern» angehalten. Natürlich lassen wir uns von Kriegsbema-

Blick vom Gäbris südostwärts: Über den Nebeln muss die Freiheit wohl grenzenlos sein ...

lung, Federschmuck und Tomahawk beeindrucken, übersehen Turnschuhe und T-Shirt geflissentlich und leisten bereitwillig die geforderte Maut: zwei Knusperstängel aus dem Rucksack. Eigentlich doch ein bescheidenes Entgelt gegen ein jämmerliches Ende am Marterpfahl! Die beiden «Rothäute» trollen sich zufrieden, nicht, ohne stolz auf ihr Tipi, das mit ein paar anderen am Waldrand steht, hinzuweisen.

Glücklich über den geretteten Skalp schreiten wir durch Wiesland abwärts in eine sumpfige Senke und jenseits wieder leicht bergan Richtung Usser Sommersberg, wo wir uns westwärts wenden und, immer der Krete folgend, nach weiteren zwei Stunden den Sommersberg (1172 m ü. M.) erreichen. Ein behäbiges Gasthaus macht mit einer Tafel auf seine rückseitig gelegene Gartenwirtschaft aufmerksam. Dem können wir nicht widerstehen, denn Speck und Brot sind nicht zu verachten.

Wallfahrten und Jauche

Dermassen gestärkt, nehmen wir den Abstieg durch coupiertes Gelände unter die Füsse und erreichen nach einer halben Stunde bei Rietli die Talsohle unweit des Schlachtfeldes Stoss. Wir kreuzen hier den Prozessionsweg, auf dem die Innerrhödler Mannen alljährlich zum Gedenken am Sonntag vor oder nach dem 14. Mai, dem Bonifaziustag, von Appenzell zur Schlachtkappelle wallen. In dieser Schlacht vom 17. Juni 1405 ging es um die Loslösung der aufmüpfigen Appenzeller aus dem klösterlichen Machtbereich des Abts Kuno von St. Gallen. Zusammen mit den Habsburgern rückten die Äbtischen von Altstätten vor, um dem unbotmässigen Appenzeller Bären den Nasenring wieder fester zu zurren. Mit unritterlichem Steinhagel wurden Reiterei und Fussvolk empfangen und mussten, wie schon zwei Jahre zuvor bei Vögelinsegg, eine zünftige Schlappe in Kauf nehmen. Dies nicht zuletzt dank dem Einsatz der wackeren Frauen, die im Hirtenhemd und mit Mist- und Heugabeln bewaffnet ins Feld zogen, was ihnen – so wird berichtet – das unschätzbare Privileg eingebracht habe, beim Gottesdienst jeweils vor den Männern in den Genuss des Abendmahls zu kommen. Bis den Appenzellerinnen politische Mündigkeit bezüglich Wahl- und Stimmrecht zugesprochen wurde, dauerte es allerdings noch ganze 585 Jahre, nämlich bis 1990 bzw. 1991.

Wie es so geht, kaum war der äussere Feind besiegt, schlug man sich wegen interner Glaubensfragen die Köpfe blutig. 1597 entzweite ein eidgenössisches Schiedsgericht die verfeindeten Appenzeller in den katholischen und den protestantischen Landesteil, was immer mal wieder zu Sticheleien hüben und drüben führte – zumeist nur inoffiziell und äusserst subtil, wie es dem feinen Appenzeller Witz entspricht. So hätten etwa, sagt man, die protestantischen

Gaiser auf den Feldern beiderseits des Prozessionswegs, der ja über ihr Gemeindegebiet führt, just am Tag der Stoss-Wallfahrt Jauche und Mist geführt, um den katholischen Bussgang olfaktorisch etwas zu würzen.

Versuche in Appenzeller Mundart

Davon ist jetzt gottlob nichts zu riechen, und wir wandern jenseits der Strasse unbehelligt auf der bewaldeten Geländerippe bergan, die in südlicher Richtung gegen den Golterberg ansteigt. Dort wenden wir uns nach Westen und folgen der Krete. Kurz vor Nisplismoos verlassen wir den Wald und erreichen binnen kurzem den «Heschbrig». Was soll denn das heissen? Als Nicht-Hiesige besteht kaum eine Chance, die Bedeutung dieses sprachlichen Urlauts zu erraten. So nennen die Gaiser in ihrer Mundart den Hirschberg, ihren zweiten Hausberg neben dem Gäbris, 1167 m ü. M. Allerdings müssen sie diesen lang gezogenen Bergrücken mit Innerrhoden teilen, denn die (Halb-)Kantonsgrenze verläuft just unter dem Kamm des voralpinen Hügelzugs. Das rund hundert Jahre alte Bergrestaurant liegt bereits ennet der Grenze. Und dort klingt die Bezeichnung des Hirschbergs für uns noch exotischer: «Häschbäg» oder ähnlich. Bei solch sprachlichen Subtilitäten können wir «frömde Fötzle» nicht mithalten, selbst nachdem wir die Zunge mit einem «Kafi fertig» gelockert haben; wir beschränken uns deshalb auf die wortlose Bewunderung der grossartigen Rundsicht.

Das Museum in der Schachtel

Der Abstieg folgt weiter der bisher eingeschlagenen Ost-West-Richtung. Nach einen kurzen Wegstück auf der Fahrstrasse verlassenen wir diese linker Hand und passieren die Gehöfte Stralhütten und Eggeli, wiederum einer Geländerippe folgend. Durch ein Tobel treffen wir schliesslich im rechten Winkel auf die Fahrstrasse, die Appenzell mit Eggerstanden verbindet, und folgen dieser nach rechts bzw. in westlicher Richtung. Nach etwa 400 Metern überqueren wir die Strasse nach Gais und das Trassee der Appenzeller Bahn und gelangen sodann auf einer Quartierstrasse direkt ins Zentrum von Appenzell.

Wir überspringen einen Zug, um dem im September 1998 eröffneten Liner-Museum im Dorfzentrum einen Besuch abzustatten. Der eigenwillige Quaderbau der bekannten Architekten Annette Gigond und Mike Guyer besticht durch strenge Linienführung und die konsequente Beschränkung auf Glas und Beton. Ausgestellt sind Bilder von Vater Carl August (1871–1946) und seinem Sohn Carl Walter Liner (1914–1997), denen das grüne Hügelland offensichtlich nicht nur Heimat, sondern auch Quelle der Inspiration gewesen war, jedem auf seine Art.

Wandern am Rande: über den Randen

Von Bargen quer über den Randen nach Beggingen

Route	Bargen–Müli–Randenstaag–Vorder Randen–Tigenacker–Soo–Ättenberg–Soohölzi–Hagenturm–Schwedenschanze–Stiegenbrünneli–Murenhäldeli–Böschwang–Beggingen
Anreise	Mit den SBB nach Schaffhausen (□ 760) und von dort mit dem Autobus nach Bargen (□ 762.45).
Rückreise	Von Beggingen mit dem Autobus nach Schaffhausen (□ 762.35).
Wanderzeit	3¼ Stunden.
Karten	Landeskarte 1:25 000, Blatt 1011 «Beggingen».
Gaststätten	Bargen, Beggingen (unterwegs keine).
Besonderes	Schaffhausen mit Munot, Rheinfall, schützenswerte Landschaft und Naturdenkmal von nationaler Bedeutung mit reicher Flora, höchster Punkt im Kanton.

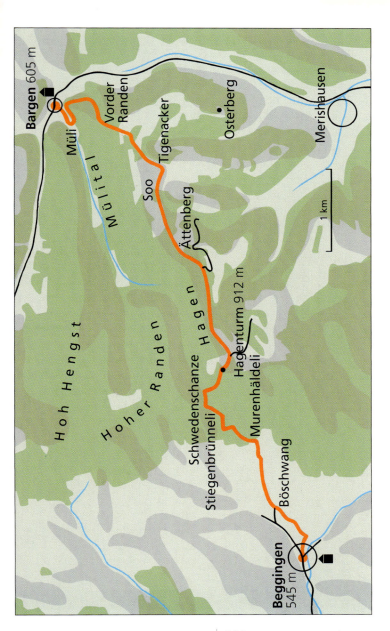

Was ist ein Berg?

Wenn sich ein «Berg» ausschliesslich über die absolute Höhe seines Gipfels in Metern über Meer definiert, ist er kaum ein solcher. Wenn mit dem Begriff jedoch auch Steigung, Rundsicht, Weitblick und Höhenunterschied zum umliegenden Gebiet gemeint sind, darf er zweifelsohne als solcher gelten: der Schaffhauser Hausberg, der Randen, mit seinen vielen Hügelzügen und Kuppen. Und immerhin gedeihen auf seinen Höhen sogar verschiedene Enzianarten, sozusagen als blau leuchtender Beweis, dass der Randen durchaus als Berg bezeichnet werden und somit seinen Platz in diesem Buch finden darf, auch wenn auf einer Randenwanderung weder mit Höhenrausch und schon gar nicht mit Bergkoller zu rechnen ist.

Unsere Wanderung beginnt in der nördlichsten Gemeinde der Schweiz, im 250-Seelen-Dorf Bargen. Landwirtschaftliche Düfte steigen uns in die Nase, als wir auf dem Dorfplatz dem futuristischen Gefährt der südbadischen Busunternehmen entsteigen, das uns in nur 20 Minuten hierher zur Landesgrenze gebracht hat. Bargen liegt direkt an der A4/B27, die Schaffhausen mit Donaueschingen verbindet, und wird von dieser unzimperlich zerschnitten – ein Tribut an die Modernisierung der uralten Verbindung zwischen Hochrhein und Donau, welche durch die eiszeitliche Erosionsrinne des von Norden nach Süden verlaufenden Merishausertals führt. Der althochdeutsche Namen unseres Ausgangspunkts, Paragen, wird zwar «erst» 884 auf Grund eines Gütertausches erwähnt. Doch Grabungen in der Gegend förderten sogar Schnurbecherkeramik zu Tage, die auf eine jungsteinzeitliche Besiedlung hinweist.

Wir verlassen das Dorf westlich in Richtung Mülital, wenden uns jedoch kurz vor Müli in einer Haarnadelkurve wieder ostwärts und erklimmen über den Randenstaag, wie der ziemlich steile Anstieg in der typischen lokalen Vokalfärbung genannt wird, den Vorder Randen. Wir überqueren mehrmals die Forststrasse, doch die gelben Markie-

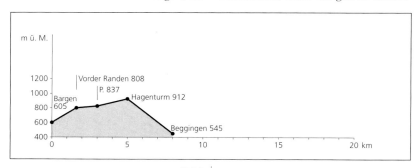

rungen lassen uns den Weg leicht finden. Auf der Anhöhe lichtet sich der Buchenwald und weicht schliesslich ganz zurück.

Ein altes Zuggespann

Der Blick schweift über die Ausläufer des Tafeljuras, Höhenzüge mit steilen Flanken und abgeplatteten Kuppen, und bleibt an zwei markanteren Bergrücken hängen, die mehr oder weniger parallel in west-östlicher Richtung verlaufen: im Norden die lang gestreckte Kruppe des Hengstes mit einem markanten Sattel und dem deutlich ansteigenden Widerrist, im Süden der Hagen mit dem eher gerundeten Buckel – zwei alte Namen, die offensichtlich und nach ihrer unterschiedlichen Silhouette die beiden Zugtiere eines mittelalterlichen Gespanns bezeichnen: das Pferd und den Ochsen, wie ein Kenner der alamannischen Flurnamen schreibt. Dazwischen – sozusagen das Joch über den beiden Zugtieren – thront der Hohe Randen.

Auf dem Rücken des Ochsen – also des Hagen – wandern wir nun über offenen Fluren weiter südwestwärts, bis wir den Tigenacker erreichen. Unterwegs fallen uns zahlreiche Föhrenstreifen und einzelne frei stehende Föhren auf, welche das Wiesland mit ihrer dunklen Spur jalonnieren. Metalltafeln informieren über diese landschaftliche Besonderheit. Die lockeren Bosketts, so lesen wir, wurden vor 100 und mehr Jahren auf damals aufgegebenem Ackerland angelegt. Und zwar mit dem Ziel, auf den längst brach gelegten offenen Flächen im Laufe der Zeit doch wieder einen Ertrag zu erhalten. Auf den aufgelassenen Ackerböden stellte sich unter den Föhren auf natürliche Weise eine typische Gras- und Krautvegetation ein, welche regelmässig gemäht wurde. Durch diese ganz spezielle Entstehung, kombiniert mit der extensiven Nutzung, entwickelte sich im Laufe der vielen Jahrzehnte die charakteristische Pflanzengesellschaft dieses Föhrenwaldes, die durch die Fiederzwenke, ein für lichte Baumbestände typisches Ährengras, sowie eine Vielzahl von Orchideen – darunter der seltene Frauenschuh – sowie das weitgehende Fehlen von Sträuchern gekennzeichnet ist.

Über den Soo gelangen wir in einer knappen Stunde zum Punkt 848, wo wir uns gegen Süden wenden und bald darauf auf einen Feldweg stossen. Diesem folgen wir in westlicher Richtung und passieren Ättenberg und wenig später Soohölzli. Zu unserer Linken öffnet sich eines der zahlreichen Kerbtäler, welche die weiten Flächen des Tafeljuras wie feine Verästelungen allenthalben durchfurchen; unten im Talgrund, wo der Hohlgraben aufs Durachtal stösst, liegt Merishausen. Wir jedoch bleiben auf der Anhöhe und erreichen auf bequemem Weg nach anderthalb Stunden den Hagenturm, dessen Aus-

Föhren verleihen dem nördlichen Randen eine fast mediterrane Ambiance.

sichtskanzel, beschirmt von einem kuppelförmigen Dach, wie ein Satellit über den Tannenwipfeln schwebt.

Schaffhausens «Höhepunkt»

Da wir uns bis anhin noch nicht allzu sehr verausgabt haben, schaffen wir die vierzig Meter in der Falllinie locker und können anschliessend stolz in Anspruch nehmen, den «Höhepunkt» des Kantons Schaffhausen auf 952 Meter Meereshöhe bezwungen zu haben. Die viel gelobte Rundsicht können wir leider nur ansatzweise nachvollziehen, da sich der Blick an diesem Tag im bläulichen Dunst verliert. Im Osten lagern sich hinter dem Hegau die Allgäuer und die Lechtaler Alpen. Im Norden erstreckt sich das Hügelland des Schwarzwalds und der Schwäbischen Alb. Den Süden, über dem dunklen Rücken des Cholfirsts, besetzt ein ferner Gebirgskranz, der vom Alpstein über die Gipfel der Zentralschweiz bis hin zu den Berner Alpen reicht. Deutlich zu überschauen dagegen sind die Geländeformationen des Tafeljuras, der sich im Randen als seinem nordöstlichsten Ausläufer manifestiert: Im Osten markiert die Randenverwerfung eine abrupte Grenze gegen das Vulkangebiet des Hegau, im Nordwesten der jähe Steilabsturz eine solche gegen den Talkessel von Beggingen-Schleitheim und das Wutachtal. Die Steilhänge sind lediglich von einer dünnen Humusschicht bedeckt, die Felspartien liegen zum Teil ganz frei. Infolge der grossen Wasserdurchlässigkeit trocknen die Felsböden rasch aus. Die gegen Süden exponierten Hänge sind von trockenen Magerwiesen und lichten Brennholzwäldern besetzt. Auf den Mergelschichten der Hochplateaus wird Ackerbau betrieben.

Wie wir wieder festen Boden unter den Füssen haben, wenden wir uns nordwestwärts und gelangen binnen kurzem zur Schwedenschanze. Diese Aussichtskanzel, die einen unverstellten Blick auf das Randendorf Beggingen erlaubt, stammt bereits aus dem 15. Jahrhundert. Sie stellt eine spätmittelalterliche Befestigung dar, um den einst viel begangenen bequemen Postweg über die Randenhöhen zu sichern. Der Dreissigjährige Krieg, der dann effektiv die Schweden in die Gegend brachte, fand allerdings erst anno 1618–1648 statt; Generationen später brachte die Volksetymologie in unbedachter Geschichtsklitterung das Bollwerk in Verbindung mit diesen feindlichen Truppen.

Durch den Laubwald führt der steile Abstieg über das Stiegenbrünneli und nachher durch die Wiesen und Felder nach Beggingen. Beim Dorfeingang fällt uns ein unbehauener dunkler Steinbrocken auf, der laut Inschrift ins 17. Jahrhundert verweist und der damals gefallenen Begginger gedenkt. Aha – also doch die Schweden! Allein, die Dorfchronik weiss es besser: Marodierende kaiserliche Soldateska, also deutsche Truppen, seien anno 1633 ins Dorf eingedrungen und hätten die sich zur Wehr setzenden Begginger niedergemacht. Heute dagegen bietet das Dorf mit seinen paar Riegelhäusern, dem Dorfbach und dem plätschernden Brunnen ein Bild der etwas verschlafenen Beschaulichkeit, die auch der hypermoderne Gelenkbus, der uns auf dem Dorfplatz an Bord nimmt, nicht zu stören vermag. In knapp dreiviertel Stunden sind wir wieder in der Munotstadt.

Weitere Ausflugsführer

Auf der Maur, Franz und Brigitte
20 Weekennd-Abenteuer
168 S., broschiert
ISBN 3-85932-124-2

Michel Richter, R. und K.
36 Berghotels und Berggasthäuser der Schweiz
264 S., broschiert
ISBN 3-85932-238-9

Balsiger, Emanuel
36 Winterwanderungen in der Schweiz
192 S., broschiert
ISBN 3-85932-225-7

Neue Reihe:
Auf der Maur, Franz und Brigitte
20 Bergwanderungen Region Berner Oberland
128 S., broschiert
ISBN 3-85932-276-1

Veloland Schweiz, Band 1–3
1: Rhone/Rhein/Nord-Süd
2: Alpen/Mittelland/Graubünden
3: Jura/Aare/Seen, je 164 S.,
spiralgebunden, ISBN 3-85932-243-5/244-3/245-1

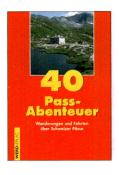

Auf der Maur, Franz und Brigitte
40 Passabenteuer
Wanderungen und Fahrten über Schweizer Pässe
212 S., broschiert
ISBN 3-85932-274-4

WERDVERLAG